働く女性のための

そのひとことが言えたら・・・

統合的交渉術

L・バブコック
S・ラシェーヴァー 著
森永康子 訳

北大路書房

WOMEN DON'T ASK

NEGOTIATION and the GENDER DIVIDE

by

Linda Babcock and Sara Laschever

◆訳者まえがき

女性のみなさんへの問いかけです。

なぜ、あなたは自分のほしいものをほしいと言わないのでしょうか。
なぜ、あなたは自分にふさわしい評価を求めないのでしょうか。
なぜ、あなたはやりたい仕事を自分にさせてほしいと言わないのでしょうか。
なぜ、あなたは家事を手伝ってほしいと言わないのでしょうか。

もちろん、男性の中にも同じ思いをしている人がいるでしょう。

書店には「そういうときには、こう言えばうまくいく」「こういうときには、こうすればよい」というハウツーものの本がたくさん並んでいます。確かに、そうした本に書いてあることを実行すれば、自分の気持ちをうまく言葉にだし、自分の思い通りになるかもしれません。けれど、ちょっと待ってください。そもそもなぜ自分は言いたいことが言えないのか、なぜほしいものをほしいと言えないのか、を考えずに、「こういうときにはこう言って、そういうときにはそうして」と本に書いてある通りに実行してみても、それでおしまいです。うまくいけば自信がつき、明るい未来がひらけるかもしれません。でも、うまくいかなかったときには、「どうせ、こんな本なんか…」「どうせ、私はだめなんだ」とあきらめの気持ちがわくようになるでしょう。そして、心のどこかに満たされない思いをかかえたまま、生きていくことになるのかもしれません。

本当に大切なのは「そもそもなぜ私は言いたいことが言えないのか」を理解することです。この本は、そうした「そもそもなぜ」の部分を解き明かしたものです。ほしいものがほしいと言えないのは、あなたのせいではないのです。女性は自分の気持ちを抑えるように周囲から期待され、自分でも気づかないうちにその期待にそうように行動してしまっているのです。そのしくみを知るだけでも、ずいぶんと気が楽になるはずです。

本書には、これからのビジネスの世界において「女性」の果たす大きな役割が書いてあります。ふだんの生活では「交渉」という言葉をあまり耳にしないかもしれません。好きな仕事をしたい、正当な評価を受けたいというときに、どのように話をもちだせばよいのか、そして、どのようにすれば相手との関係もそこなわずにすむのか――そこで必要とされるのが交渉であり、そのスキル（技能）なのです。ビジネスと言えば、男性のやっていることがお手本になりがちですが、そこでの交渉には、実は女性がもっている人間関係のスキルが、重要な役割を果たしているのです。仕事の話を中心に展開していきますが、そのスキルは家庭の中でも十分通用するはずです。そして、男性のみなさんにも、きっと役に立つはずです。

さらにこの本は、企業の経営者や管理職の人たちにもプラスになるものがあるはずです。現状に満足せず、今よりも高いところをめざすには、社員とのかかわりが重要になるでしょう。女性社員の能力を最大限に活用するには、まず、「女性に対する思い込み」から解き放たれることが必要です。

本書には、その手がかりが記されています。大切なのは、女性にとってやさしい企業は、男性にも働きやすい企業だということです。

本書は、リンダ・バブコックとサラ・ラシェーヴァーの共著『女性は求めない──交渉とジェンダー分断（*Women don't ask : Negotiation and the gender divide*）』の訳です。私がはじめてこの本をみたのは、二〇〇四年の春。ちょうど『女性とジェンダーの心理学ハンドブック』（北大路書房）というすごく分厚い専門書の翻訳を終え、気分転換に本でも読もうかなと思っていたところでした。正直なところ、翻訳のために一年近くも英語の本を読み続けていたので、英語はもうたくさんと思っていましたが、最初の何ページかを読み、「なんだかおもしろそう」と購入してしまいました。アメリカでも二〇〇三年の出版以来、ずいぶん売れている本のようです。著者は経済学者とライターのふたりですが、私の専門とする心理学の研究もたくさん紹介されており、そして、英語もそれまで悪戦苦闘した専門書とは違い、ずいぶんわかりやすいものでした。当時の私は、「今度は、自分でジェンダー心理学の一般書を書きたいな」と考えていたのですが、その予定を変更し、翻訳にとりかかりました。

こうして翻訳作業を進めていったのですが、この本（日本語版）は原書をそのまま訳したものではありません。というのは、原書は当然のことながら、アメリカに住む人々、しかも、主に働く女性にむけて書かれたものです。そのため、日本にあてはめられない内容がいくつかありました。その一つが「給料交渉」です。日本では、労働組合が主導する「賃上げ交渉」がありますが、それ以外のもの、たとえば新入社員が自分の給料をめぐって会社と交渉するということなど、ほとんど考えられないでしょう。しかし、この本によると、アメリカでは就職にあたって上司と給料交渉するのはよくあることのようです。そういえば、アメリカ映画やドラマにはそんな様子が描かれているものがありますが、どうも映画やドラマの中だけではなく現実にあることのようです。原書には、この給料交渉のエピソードや研究例がたくさんでてきました。翻訳の中では、原著者の意図が損なわれない程度に、給料交渉にまつわる部分をいくつかカットしました。同じように、日本とアメリカの文化の違いがきわだち、内容よりも文化の違いに驚くようなところについても省略したり編集したりしました。また原書では、心理学や社会学、経営学などの専門的な研究が、これでもかこれでもかというほどたくさん紹介されています。これらについても、原書の意図をそこなわない程度にはぶいています。こうした編集作業そして日本語版の出版にあたっては、北大路書房編集部の関一明さんをはじめ、同社のみなさん、さらに、編集プロダクションTMHの堀牧子さん、木村和恵さんたちにたいへんお世話になりました。

原著者と同様、この本が日本の読者のみなさんの人生に少しでもプラスになれば、と願っています。

森永康子

二〇〇五年　夏

◆原著者まえがき

女性は求めない。女性は、昇級や昇進、よい職につくチャンスを求めようとしない。よい仕事をしても、その評価を求めない。家庭でも手助けを求めない。つまり、女性は自分のほしいものを手に入れるために「交渉」しないのです。でも、それは問題なのでしょうか。

交渉は、女性であれ、男性であれ、大切なスキル（技能）です。これまで、交渉は男性のものだと思われていたのではないでしょうか。競争は男性の得意とするところで、女性にはあまりむいていないと。しかし、最近では「交渉」についての考え方が変わってきています。敵との戦いだった交渉は、だんだんと「関係者全員にとって、よい解決方法をみつけるための協同的なもの」とみなされるようになってきたのです。一つのものを奪い合うのではなく、うまく交渉すれば、みんなが自分のほしいものをそれなりに手にできるという状況を生むことがわかってきているのです。

さらに、交渉は女性にとっても受け入れやすいものになりつつあります。多くの女性にとって、奪い合いのための交渉はあまり心地よいものではありませんでした。また、奪い合いに参加するような競争心の強い女性は、人々からあまり好かれないという問題が、女性の足をひっぱってもいました。新しい交渉の考え方は、こうした壁をなくしていくことでしょう。この「新しい交渉」がどのようなものなのかは、8章で紹介します。どうぞ、お楽しみに。

しかし、なぜ今になって、女性に交渉が必要となってきたのでしょうか。一つには、職場文化の変化という理由があります。現在のビジネス界にいる女性は、かつてないほどに自分のキャリアに責任をもたねばならなくなっています。インターネットでの商取引は、ビジネスの新しい世界をつくり上げ、女性の生活や仕事の世界にも変化をもたらしています。また、家庭での女性の役割も変化しており、そのため、さまざまな問題が生まれ、それをうまく処理する必要もでてきました。こうしたビジネスの急激な変化や個人生活の変化の中で、交渉はもはや「する／しない」というものではなく、生き残るために必要なスキルとなってきているのです。

新しい仕事の世界がやってきた

多くの企業は、以前ほど官僚的ではなくなってきました。地位の差はだんだんと小さくなり、職務分掌や報告手順もだんだんと形式的ではなくなってきました[93][133][215]。経営スタイルは昔ほどには「トップダウン（上意下達）」でもないし、「命令管理」ばかりでもありません。組織の構造はだんだんとあいまいなものになり、新しいビジネスモデルが日々あらわれてくるようになりました。それはまた、働く人々にとって、明確なルールがなくなったことを意味します。また、多くの組織で個人契約で働く人が増えてきました。個人契約とは、社員一人ひとりにあわせて雇用契約を結ぶことです。同じ仕事をしていても、人によって出張回数や労働時間がさまざまで、言い換えれば、個人のスキルの違いが考慮された契約ということです。こうして、仕事のいろいろな側面が交渉可能なものになってきたのです[241]。

合併や買収の例にみるように企業は売買の対象であり、多くの従業員に影響を与えています。勤めていた会社が他の企業に買収されたとき、従業員は、給与や労働時間、福利厚生といったものから、肩書きや職務、さらには職場のスペースさえも、ふたたび交渉しなければならなくなることがあります。さらに、二つの企業が合併したときには、異なった企業文化やビジネスのやり方をまとめるために、大小さまざまな問題を解決しなければなりません。ここにも交渉が必要とされています。

働く人々のキャリアもまた、急速に変化しています。二十世紀の中頃までは、一つの企業で生涯を過ごす人が多かったのですが、現在、転職はめずらしいことではありません。たとえば、二〇〇〇年のアメリカでは、労働者の約25%は勤続期間が1年以下、そして、全労働者の平均勤続年数はわずか3・5年でした[293]。二〇〇一年五月～二〇〇二年五月のあいだ、アメリカでは5千万人以上がレイオフ（一時解雇）や解雇、退職を経験しています。つまり、その一年間だけで、アメリカの労働市場にいる39%の人が仕事を変わったということです[295]。転職しようとするなら常に新しいチャンスをうかがっていないといけないし、転職したらしたで、新しい雇用契約に関して交渉しなければなりません。

アメリカでも、組合に入っている労働者が急激に減っています。組合加入者は、一九八三年には20・1%でしたが、二〇〇一年には13・5%になりました[296]。組合に入っていれば、賃金、福利厚生、配属、休暇など、雇用に関するほとんどのことを、自分で交渉しなくてもすみます。しかし、組合員が減っているということは、これまで自分のために交渉した経験のない何万という人たちが、今、交渉の現場に立たされているということであり、その中には女性も数多く含まれているのです。

働く女性はどんどん増えています。アメリカでは、二〇〇〇年に、25歳〜54歳の女性の76・8%が家庭の外で働いていますが、二十年前の一九八〇年には64%でした[98]。独立している自営業の女性は、一九七六年には22%でしたが、二〇〇〇年には38%に増加しています[297]。女性起業家は、コンサルタント料、不動産契約、下請け業者への支払い、そして、自分自身の保険のことまで、すべて自分で交渉しなければなりません。

たくさんの役割がふりかかってくる

家庭の外で働くようになると、女性の役割も増えてきます。上司、同僚、従業員、娘、妻、母親、友人というように。最近では、高齢の親を介護する責任ものしかかるようになってきました。介護にあたっては、医師、介護施設、ヘルパー、保険会社、自治体、自分の上司、そして、老いた親と交渉する必要がでてきます。

また、結婚したカップルの40〜50%が離婚する時代となり、女性は経済的に自立し、家族を養う必要性も生じてきました[a]。アメリカでは約二千万人が離婚経験者ですが、その半数は女性です。離婚すれば環境も変わり、それに適応するのはたいへんです。加えて、離婚は生活水準の急速な低下をも意味します。離婚前に比べ、男性の離婚後の生活水準は平均42%高くなるのに対して、女性の場合には73%低下すると言われています[306]。離婚女性の85%は、元夫から生活費を受け取っていないのです。シングルマザーの出産率（すべての母親に対する比率）も、一九七〇年の10%から二〇〇三年の33%にまで増加してきています[300]。離婚女性やシングルマザーは、一緒に育児にかかわってくれるパートナーがいないため、パートナー以外に助けてくれる人やものを探さなければなりません。友人や身内、そして地方自治体や国などです。その相手が何であれ、女性は自分自身や子どものために、必要なものを自ら求める覚悟が必要となってきています。

そして、これから

アファーマティブ・アクション[*1]の成立、社会規範の変化、さまざまな女性差別の減少、男性の仕事とされてきた職業につく女性の増加、高等教育を受ける機会の増加など、アメリカでは、過去35年のあいだに、女性の経済的地位は急激に向上したといわれます。しかし、残念ながら、現実は違います。一九九〇年代以降、女性の地位は足踏み状態になっているのです。たとえば、フルタイム労働者の年収の男女比は、男性を100としたとき、一九八〇年の60・2から一九九〇年の71・6へと増加したものの、一九九〇年から二〇〇〇年では71・6→73・2と、たった1・6ポイントしか増加していないのです[b][292]。

かつて女性を閉め出していたような職業で、リーダーシップをとるような立場につく女性はいまだにほとんどいません。たとえば、著者のひとりであるリンダが専門としている経済学では、女

＊1 〔訳者注〕アファーマティブ・アクション：女性や少数民族など不利益を受けているグループの人々に対して、雇用や教育の機会均等を保障するためにとられている措置のこと。

性の正教授の割合は一九八一年から一九九一年の十年で2倍になりました。過去二十年のあいだに、経済学で博士号を取った人の25％は女性であるにもかかわらず、それは3％→6％になっただけで、二〇〇一年でも6％のままです。つまり、がんばっても前に進めない女性がたくさんいるということです[27][61]。大学で学長をしている女性の数も、それほど増えていません。一九八〇年代半ばから一九九〇年代半ばまで、女性学長の割合は、9・5％→21・1％と2倍以上になりましたが、一九九八年と二〇〇一年のあいだでは、たった1・8ポイント上昇しただけです[259]。

まるで頭打ち状態です。もしかしたら、すでに女性はできるところまで、力の限りやりつくしたということなのかもしれません。そうだとしたら、女性が今よりも前に進むためには、これまでとは違う新しい方法をみつけなければならないということになります。さて、どうすればよいのでしょうか。私たちの提案の一つは、「社会全体が女性に対してもっている態度を変える」ということです。そして、もう一つは、「女性自身が自分にふさわしいものを求めて声をあげる」ということです。

女性は、世の中にはもっとチャンスがあるということに気づく必要があるでしょう。そして、自分の仕事の価値をきちんと認識する必要があるでしょう。自分のほしいものを「ほしい」と言うことが必要です。そうすれば、きっと今よりももっとよい生活を送ることができるでしょう。私たちはそう信じています。

リンダ・バブコック

サラ・ラシェーヴァー

もくじ

序章　求めようとしない女性たち

何年か前、私（筆者：リンダ）が大学院の責任者だったときに、女子大学院生から言われました。「男子大学院生は授業を教えているのに、私たちは教授のアシスタントだけです」。不公平だと思い、授業担当の責任者をしている副学部長にたずねたところ、彼は「授業を担当させてほしいと言ってくる院生が、ちゃんと授業のアイディアがあって、教える力があれば、チャンスをみつけるようにしています。でも、そのほとんどが男性で、女性は私のところに言ってこないんです。女性は求めない」と答えました。

「女性は求めない」。私は、ここに問題があることに気づきました。女性がほしいものを手に入れることが少ないのは、「自分のために求める」なんて思いもしないから？　求めないのは、何かのプレッシャーのせい？　それとも、「求めることができる」ということに気づいていない？　でも、そもそも本当に、女性は男性ほど求めないのだろうか？

この疑問に答えるため、私はカーネギーメロン大学で修士号を取った人たちの初任給（年収）を調べました[10]。すると、男性の初任給は女性より7・6％、つまり約四千ドル（約40万円）も高かったのです。そして、もっと給料を上げてほしいと交渉した人、しなかった人を調べたところ、女性では7％が交渉しただけだったのに対して、男性は57％もの人が交渉しており、実に8倍の違いがみられました。ここの大学の就職部は、「入社時に賃金の交渉をするように」という指導を行なっています。にもかかわらず、女性の多くはほとんど交渉していませんでした。一方、交渉した人は、年収平均で7・4％つまり四千ドル（約40万円）も給料が上がっていたのです。この金額は、初任給の男女差とほとんど同じです。もし、女性も交渉していたら、給料の男女差は消えていたかもしれませんね。

一つ実験をしてみました。仕事の報酬として相手から提示された金額以上のものを要求するかどうかというものです[261]。この実験では、大学生に、ボグルをしたら3ドル（1ドル110円として、330円）から10ドル（1100円）のお金を払うと伝えます。ボグルというのは、文字がついたサイコロを使って、単語を作るゲームです。この実験に参加した大学生は、4回ゲームを行なったあと、実験者から3ドルを受け取りますが、そのときに「はい。3ドル。3ドルでいいですか？」とたずねられます。もし、大学生がもっとお金がほしいと言うと10ドルを渡しますが、不満を言うだけだったら、それ以上のお金は支払わないことになっています。その結果、「もっとほしい」と言ったのは、男性の23％に対して、女性ではたった2・5％でした。つまり、女性のほぼ9倍の男性がもっとお金がほしいと要求したのです。しかし、どのくらいじょうずにゲームをしたかと聞くと、その答えに男女差はなく、男女ともに同じくらいうまくやったと答えていました。つまり、女性は自分があまりじょうずでなかったので、それほど多くもらわなくてよいと思っていたわけではないようです。また、3ドルという金額に文句を言う人はたくさんいて、その不満度は男女で違いませんでした。大きな違いは、男性はもらったものに不満があるときに、その不満を解消するために行動する、つまり、もっとほしいと口にだして要求するということなのでしょう。

もう一つ、数百人を対象にした大規模なインターネット調査もしてみました[11]。質問には、「自分から開始した最近の交渉」についてたずねるものがありましたが、男性の場合、平均すると、一番新しい交渉は2週間前に始めたものだと答え、女性の場合には1か月前と答えています。二番目に新しい交渉については、男性は7週間前、女性は24週間前という回答でした。男性は、自分のほしいものを手に入れるための交渉を、女性のだいたい2倍から3倍多く行なっていると考えられます[c]。

また、「次に交渉を始めるのは、いつ頃だと思うか」とたずねましたが、この質問でも、1週間先だろうと答える男性に比べ、女性は1か月先と回答しており、将来の見通しについても男女の違いがみられました。この結果からは、男性が女性の4倍も多く交渉を開始していると言えるでしょう。男性のほうが、自分のほしいものを手に入れるために、積極的にアプローチしていることは明らかです。この調査の回答者は、年齢、職業、学歴がさまざまであり、こうした男女差は、特定の層の人たちだけでなく、かなり広い範囲にみられるものだと考えられます。

本書のために、アメリカやヨーロッパで、専業主婦を含めて、さまざまな職業の男女百人以上にインタビューを行ないましたが、同じような結果を得ています[d]。一番最近の交渉についてたずねると、女性は何か月か前のできごとにふれることが多く、たとえば、車を買うというような、一般に正式な交渉として認められるものをあげます。ただし、小さい子どもがいる女性は例外で、「いつも子どもと交渉している」と言いますが…。これに対して、男性のほとんどは、その前の週に起こった個人的なやりとりについて述べていました。たとえば、妻と自分のどちらが子どもをサッカーの練習に連れて行くかというやりとり、ぎっくり腰のためにレンタルした車代についての上司とのやりとり、チームのプロジェクトでどの部分を担当するかについて行なった同僚とのやりとりなどです。また、それ以外にも男性は、解釈によっては交渉だといえるものの、一般には交渉とは認められないようなものまで述べていました。つまり、女性に比べて男性は、交渉は生活の中でよくあることだとみなしているのです。

さらに、こうした調査結果を年齢別でみると、意外なことが浮かび上がってきました。読者のみなさんの中には、年配の人と若い人を比べると、年配の世代のほうが男女差が大きいと思っている人もいるかもしれません。交渉に関しても、その他のことに関しても…。実際、インタビューした若い女性たちも、本書で扱っているような問題は「もっと年上の世代の人たちの悩みだ」と思っているようでした。しかし、インターネット調査でたずねた「どのくらい自分から交渉を開始するか」という質問への回答を、20代や30代はじめの世代ともっと年齢の高い世代で比較したところ、どちらの世代も男性のほうが交渉を開始することが多く、その男女差はほぼ同じか、若い世代のほうが大きいくらいだったのです[11]。前に紹介した初任給の研究やボグルの研究でも、参加者は20代の人たちでした。ほしいものを求めないという女性の傾向は、けっして年配の世代だけの問題ではないのです。

あのとき、求めていれば…

実は、女性の交渉方法は、男性のやり方よりも優れているのです。これについては8章で取り上げますが、ここではまず、男性中心の文化では「ほしいものは直接口にだして求めるしかない」ということについてお話しましょう。求めることがどのくらい重要なことなのかを考えていただきたいと思います。

すでに紹介したように、カーネギーメロン大学の卒業生の初任給は、男女でずいぶん違っていました。採用時に交渉しなかった女性は、同期の男性に大きく引き離されるだけでなく、本来だったら得ているはずのものを手にすることができなくなっていくのです。彼女たちは最初の失敗をずっと引きずっていくのでしょう。たぶん、死ぬまで。

あるひとりの女性（46歳）の例を紹介します。彼女は、今、新進のハイテク企業に勤めるやり手のソフトウェア・デザイナーです。大学では優秀な成績を修めていましたが、就職については、あまり自信をもっていませんでした。有名企業に就職が決まり、人事部長から給料はどのくらいがよいかとたずねられたとき、「仕事さえあれば、給料はいくらでもいいです」と答えてしまったのです。答えを聞いた人事部長の顔に満面の笑みが広がったのを、今でもよく覚えているそうです。入社後、彼女は、自分の給料が同じポストの人たちの中の最低のレベルであり、同僚の10～20％も低い額であるのを知りました。10年後に転職するまで、彼女はこの損失を取り戻すことができませんでした。

彼女のような女性の失ったものをお金で計算すると、心痛む結果になります。たとえば、22歳で2万5千ドル（約275万円）の年収を提示された男女がいるとしましょう。そして、女性はその条件を受け入れ、男性は交渉して3万ドル（約330万円）の年収を得ることになったとします。さらに、ふたりとも同じように一年に3％の昇給を得たとしましょう。もちろん、男性のほうがよく交渉するという傾向や、女性の業績は低く評価されがちという研究結果からみて、同じような昇給があるとは考えにくいのですが。いずれにしても、ふたりが60歳になったときの年収は、男性が9万2243ドル（約1015万円）、女性が7万6870ドル（約846万円）で、その違いは1万5千ドル（約165万円）以上になります。あまり大きな違いにはみえないかもしれませんが、生涯賃金で考えると、男性は38年間で36万1171ドル（約4千万円）も余計に稼ぐことになり、それを男性が全部銀行預金にしていたら、そして、利子が3％としたら、60歳までに、56万8834ドル（約6千万円）になります。この金額は退職後の蓄えとしてはかなりのものです。家がもう一軒買えるでしょうし、子どもたちの教育にもずいぶんお金をかけることができるでしょう。就職のときのたった一度の交渉で得たものとしてはかなりのものです。

入社時の交渉の影響は非常に大きく、これをばん回するのはとてもたいへんです。男女の賃金格差を研究している学者は、賃金格差は昇給よりもむしろ初任給の違いに基づくほうが大きいと述べています[102]。

また、常に給料交渉をしている女性は、まったく交渉していない女性よりも、定年のときに100万ドル（約1億円）以上も多く稼いでいるという報告もあります。ちなみに、これには預金利息は含まれていません[217]。前に紹介したボグルの実験のようなものでさえ、「もっとほしい」と言うことで得るものは大きく、要求した人は全員10ドルをもらっています。つまり、何も言わず3ドルを受け取った人の3倍以上のものを手にすることになったのです。

当然のことですが、雇用主は従業員への給料をなるべく抑えたいと思っています。そこで、どうせ交渉しないといけないのだからと、新規採用者に対してまず低い金額を提示します[217]。こちらがもっと給料を上げてくれと言わないかぎり、安いから昇給させようと言ってくれる雇用主はほとんどいないでしょう。

求めることが大切だというのは、他の研究でも報告されています。ビジネススクールのある夜間クラスで、「実際に、何かを交渉してくること」という課題がだされました。そのクラスの学生は全員、昼間はパートタイムで働いています。45名の学生のうち35名は、アンティーク家具の購入、アパートの家賃、給料などのように、自分のために交渉し、残りの10名は、コンサルタントや納入業者、客との契約などのように、勤務先の会社のために交渉を行ないました。自分のための交渉で浮いた金額を低いものから高いものまで並べると、そのちょうど真ん中は、2千200ドル（約24万円）。雇用主のための交渉では、39万ドル（約4千万円）でした。なお、これはちょうど真ん中の金額なので、これよりももっとお金を浮かせた学生もいるということです。しかし、この課題のポイントはお金の額ではありません。どのような方法が一番交渉に有利かとたずねられたとき、学生は答えたのです。「まず、交渉をするということが一番です」と。学生のだしたレポートの中には、「交渉してみて、いちばん役に立ったのは、これまで交渉できると思いもしなかったこと（たとえば、家賃）も交渉できると知ったことです」と書いてありました[189]。

チリも積もれば山となる

すでに紹介したように、就職のときに給料を交渉するかどうかで、定年の頃には50万ドル（約5千万円）以上の違いがでる可能性があります。最初はちょっとした違いでも、年月が経てば大きな違いになってしまうということです。このことは、男女間だけでなく、人種間でも、異性愛者と同性愛者のあいだでも同じようにみられます。最初のほんのちょっとした違いが広がり、一方はどんどん有利に、もう一方はどんどん不利になっていくのです。

会社で男性がいつも女性よりほんの少しだけ高い評価を受けていたら、どういうことが起こるのかを、ピラミッド型の仮想企業を使って調べた研究があります[192]。ピラミッド型の企業とは、平社員レベルの人が多く、業績評価の高い人だけが上にむかって昇進していくような組織のことです。研究の結果、最初は同じところにいても、そして、業績評価の違いが非常に小さくても（1％くらい）、地位の高いポストのほとんどが男性になるのに、そんなに時間はかからないことが示されました。なお、業績や生産性に男女でまったく違いがなくても、男性のほうが高い評価を得る傾向があります（これについては4章で紹介します）。

こうした現象は「集積不利益」と呼ばれています。集団間の違いは、ほんの小さなものでもみのがすと、やがてとてつもない不平等につながっていきます。「チリも積もれば山となる」と言われるように[299]。

失うのは、お金だけじゃない

交渉しないために失うのは、金銭だけではありません。同じ経験と業績でありながら、今までの給料が違う人は新しい雇用主からの評価が異なります。給与がよい人は業績もよいとみなされるのです。低い給料はあなたの価値が低いことを意味するようになります[217]。

アメリカでは、就職希望者が給与額について主張しても、雇用主はたいていそれに敬意をはらいます。つまり、給料交渉をしない女性は、得られたかもしれない収入を失うだけでなく、雇用主からの敬意も失うかもしれないということです。ある女性は大学院を終えたとき、著名な経営コンサルタント会社に採用されましたが、そのとき会社が提示した初任給をそのまま受け入れてしまいました。給料のことで交渉すると、新しい上司の印象を悪くするのではないかと恐れたのですが、実際は逆のことが起こったのです。経営者側は給料の交渉をしない彼女をみて、彼女を雇ったことは失敗ではないかと思ったようです。

これまで給料など経済的なことばかりを例にあげてきましたが、ことはそれだけにとどまりません。女性は家庭でも要求を口にしないために、かなり損をしています。たとえば、ある建築家の女性（46歳）は、夫も建築家で、ふたりの子どもがいます。夫は海外でも有名な会社で働き、よく出張している一方で、彼女は子どものために地元に留まり、ひとりで仕事をしています。子どもが小さいときには、夫は毎週2～5日も留守にしていたので、彼女はほとんどひとりで子どもを育てたと言ってもよいでしょう。彼女は仕事が自由にできることを喜んでいたし、賞を取ったり、デザイン雑誌にも掲載されたりして成功を収めていたのですが、家事育児のために押しつぶされそうな気持ちだったと言います。「人生なんてこんなものだと思っていたし、どうにかできるなんて思いもしませんでした」。しかし今、彼女は「今から思えば、助けてほしいと言ってもよかったのかなと感じます」と言います。どうやら問題は、「助けを求めるなんて、できっこないと思っていた」ことのようです。

女性は交渉が嫌い

多くの女性は、「求めてもよい」ということに気づかないだけでなく、交渉すべき状況だとわかっていても、それを避けてしまうようです。私（筆者：リンダ）の研究では、回答してくれた女性の20％が、今まで一度も交渉をしたことがないと答えています[11]。これはとても現実の数字とは思えません。おそらく、交渉というものを私の意図した意味ではなく、問題解決や妥協のようなものに受け取ったためだと思いますが、それにしても、多くの女性が交渉というものを毛嫌いしている様子がうかがえます。成人女性の20％というのは、アメリカだけで2千2百万人いるということになりますから。

女性の交渉嫌いは、先に紹介したインターネット調査の結果からも示されています。この調査では、いろいろな物語を読んでもらい、「その状況で交渉するのは適切かどうか」「自分だったらそこで交渉するかどうか」をたずねています。その結果、仕事に関する物語、たとえば、昇進や昇級の場面で、男性に比べ女性は「自分は交渉しないだろう」と回答する傾向がありました。たとえ、交渉するにふさわしい場面であっても、そして、おそらく交渉が必要だろうと思っていても[11]。

交渉に関する研究は、これまで主に、交渉に成功する方法やその過程について検討されてきました。一方で、人々が交渉しようとするのはいつなのか、そして、それはなぜなのかといったことは、ほとんど取り扱われていません[177][207][223][286]。どんな交渉であろうと、その最も重要なステップは、まず交渉を始めるかどうかを決める段階だ、という基本的なところが押さえられていなかったようです。そもそも、交渉を始めないならば、交渉方法のアドバイスがどんなにすばらしいものであっても、役には立たないでしょう。

この本で伝えたい新しい視点

この本は、女性と男性の違いについて、「求めること」つまり「交渉」という点から考えようとするものです。なぜ女性は「私は世界を変えることができる」と思わないのか、なぜ女性は「求めることができる」ということを知らないのか、について考えます。女性を縛っているもの、それは「ジェンダーの規範」です。ジェンダーとは、女らしさや男らしさ、女性の役割や男性の役割のことです。女性は、子どもの頃から「他人を思いやりなさい」「自分の欲求を抑えなさい」といったジェンダーの規範をたたき込まれたために、「私はこれがほしい」と主張することができなくなっているのです。

社会は時代とともにずいぶん変化しました。しかし、人々は性別に基づいたルールをかたくなに守り通しています。「女性はひかえめに」「女性は他人のために行動しなくてはいけない」「女性は自分の利益を追いかけてはいけない」。こうしたルールに反すると、制裁を受けるのです。侮辱されたり、能力や仕事を低く評価されたり、仲間はずれにされたり。自分自身がそんな経験をしたり、また、他の女性が制裁を受けるのを目撃したりすると、交渉が必要な状況に出会っても、躊躇《ちゅうちょ》してしまうようになるでしょう。

さらに、交渉したとしても、男性が得るものほどには手に入らないこともよくあります。それは、女性自身の目標が低いためということもあるし、交渉相手が女性に対して強硬姿勢をとるためということもあります。交渉しても得るものが少なく、交渉そのものもたいへんだと思えば、そもそも何かがほしいという気持ちにはならないでしょう。

本書では、このように女性をはばむものが何なのかを明らかにしたいと思います。前に進むためには、まず、自分の信念や態度や衝動がどのようにしてつくられているのかを理解する必要があります。行動を変えるためには、その行動の原因を知ることが必要でしょう。単に、行動を変えなさいと言われても、具体的にどうしてよいのかわからないはずです。

本書では、これからどのようにすればよいのかのヒントを紹介していきます。子どもの頃からたたき込まれてきたジェンダーの規範に抗して、「自分の権利についての低い意識や交渉することに対する恐怖や不安を打ち破る」。それが可能になるようなやり方を紹介します。もちろん、簡単ではありません。けれど、まずは、気づくことが必要です。そして、自分のために自分のほしいものをもっと求めなくてはいけません。行動すれば、やがて問題は解決していくでしょう。

ここではっきりさせておきます。女性はけっして悪くないのです。女性は劣っていません。この本は、女性の欠点を研究したものではありません。また、女性は自分をなおさなければならないと、お説教するものでもありません。本書は、女性が自分のほしいものを求めることを、文化や社会がどのように阻止しているのかについて考えたものです。本書を手がかりにして、一人ひとりの女性が自分の状況を改善し、今よりも幸福を感じてもらえるようになったらと願います。さらに、可能ならば、一人ひとりの人間が女性に対する態度を変えることで、社会変革を引き起こしたいと思っています。そのため、この本は会社の経営者や子どもの親へのメッセージも含んでいます。女性を今のままの状況においていれば、社会的にも経済的にもかなりの犠牲が生まれるでしょう。その犠牲についてもふれています。

ひとりが変わる　社会が変わる

女性が自分のほしいものを求めて交渉し、それを手にすることは可能なのでしょうか。答えは「イエス」です。もちろん、そこにいたるまでには、壁がいくつも立ちふさがっています。しかし、それは乗り越えられる壁です。すべて、学ぶことができるスキルなのです。しかも、多くの場合、簡単に身につけることができます。筆者たちはこの本を書くために三年を費やしましたが、そのあいだ、本書で紹介したようなアイディアについて、多くの女性と語り合ってきました。彼女たちは、外の世界でそれを試し、そして、すばらしい結果を得ています。それは、男性をまねることではありません。彼女たちは、自分自身の「交渉する声」をみつけ、高い目標をもち、そして、よい結果を得たのです。こうして、多くの女性が変わりました。次は、あなたの番です。

社会もまた変えることができます。ここで、ニューヨーク市の例を紹介しましょう。ニューヨークは、犯罪に対して厳しい態度を示すことで、犯罪率を短期間に低下させました。通りをきれいに掃除し、落書きを完全に消し、壊れた窓をはめかえ、ゴミを片づけ、さらに、地下鉄の無賃乗車のような小さな犯罪に対しても断固たる処置をとったのです。ほんの小さなことのようにみえますが、ニューヨーク市は本当に変わりました。犯罪が減ったのです。つまり、人々の行動が変わったのです。貧困や悪意のように、犯罪を引き起こす原因はいろいろとありますが、しかし、かつて罪を犯していた人々が犯罪に走らなくなったのです。周囲の小さな変化が、犯罪行為はもはや許されないというシグナルとなり、ただそれだけで人々が変わったのです。人間は、自分が自立した存在で、自分自身の意志に従って生きていると思いたいようですが、実際のところは、環境やその場の状況やまわりの人々にずいぶん影響されています[107]。つまり、環境が変われば人間も変わるということです。

同じように、女性を取り囲む状況や文化を変えることで、人々の女性に対する行動を変えることができるでしょう。むずかしいようですが、その実現のためには、ほんのわずかな人々が女性と男性をもっと平等に扱うように決めるだけで十分なのです。それが見本となって、他の人の行動や信念が変わっていくのです。あるいは、権力をもっている男性が、女性のメンター（指導役）になることでも変化は起こるでしょう。また、たくさんの人々が、自分が女性と男性を異なって扱っていること、女の子と男の子へのしつけが異なっていることに気づけば、何かが変わるでしょう。

ニューヨーク市の犯罪減少の例でもわかるように、急速で大規模な社会変革を引き起こすには、何万という多くの人々が一致団結する必要がある、というわけではありません。環境をほんの少し調整すれば、人々の信念や行動に大きな影響を与えることができるのです。小さな変化でさえ、時には何倍もの効果をもつようになります。大きな変化は小さなできごとのあとに起こるのです[107]。本書が小さな変化を生み、女性を縛っているものを打ち破る大きな変化につながってほしいと願っています。

もちろん、大きな変革も可能です。その例を紹介しましょう。国際的な会計コンサルティング事務所であるデロイト&トウシュという企業は、アメリカで2万9千人、全世界では9万5千人を雇用しています。一九九一年に、同社は女性に関する問題があると気づきました。会社の共同経営者の中に、女性がたった5%しかいなかったのです。一九八〇年以降、女性を積極的に雇用するようになったのに、一九九一年には、共同経営者の候補者の中にいる女性は、わずか8%だったのです[196]。この問題を扱う委員会が社内につくられ、そこでわかったことは、女性の多くが共同経営者の候補になる資格を得る前に辞めていたという事実です。女性管理職の一年間の離職率は、平均で33%という高さでした。そして、離職率の1ポイントが1300万ドル（約14億3千万円）の損失に匹敵すると計算されました。これは、採用、契約金、研修などにかかる費用です。当初、委員会は、女性は家庭に入るために事務所を辞めると考えていたのですが、これはまちがいであることがすぐにわかりました。女性は、家庭に入るためではなく、他の事務所に移るために辞めていたのです。退職の主な理由は「働きにくい」というものでした。そして、委員会は女性だけでなく男性も「もっと余裕がほしい。そうすれば仕事と家庭のバランスがとれる」と考えていることを発見しました。週に80時間も働くことなど、誰も望んでいなかったのです。

委員会では、社員5千人以上を対象に研修会を開き、職場におけるジェンダー問題について考えてもらうことにしました。たとえば、女性と男性が会議に遅れて来るというようなシナリオをつくり、その男女に対する反応について考えてもらったのです。参加者は、男性の遅刻は気にしないのに、女性の場合には子どものことで遅刻したと勝手に想像しました。この反応の違いがどのようなことにつながるのかを話し合う中で、参加した社員は、こうした思い込みが女性に対する評価を下げている可能性に気づいていったのです。やがて、参加者は女性と男性がどのように評価されているのかについて考えるようになり、男性の場合には表にでない潜在的な可能性によって評価されることが多いのに、女性の場合には目にみえる実績によって評価されることに気づきました。このような異なった評価により、最終的に男性は女性よりもかなり早く昇進することにもなります。また、会社全体で女性と男性に異なった職務を割りあてるという傾向があり、これも根拠のない思い込みがもとになっているのだろうという話もでました。こうした思い込みには、女性は製造業があまり好きではないというものや、女性は出張をあまりしたがらないというものがあります。特に、後者の思い込みは、出張が重要な顧客サービスであるような企業では、キャリアにダメージを与えることになるでしょう。

こうした思い込みについて考え始めると、それらがもたらすものがみえ始めてきました。会社の雰囲気が、女性に対して冷たいものになっていたということや、女性の昇進をはばんでいたという事実です。さて、ここまでわかってくると、次のステップは「変える」ということです。研修会後、社内のすべての職場で、女性のポストを毎年報告することが義務づけられました。また、各職場で新規に採用した女性や働いている女性の数を追跡調査することも義務づけられ、この数字は全職場に公開されるようになりました。そして、配置や評価の方法も変わりました。また、それぞれの職場で、主に女性を対象に、ネットワーク（人脈）をつくるためのイベントやキャリア・プランニングの研修が行なわれるようになりました。会社全体で出張の調整が行なわれ、すべての人（男女両方）の出張時間が削減されました。また、会社は、フレックスタイムなどを利用しても、昇進や昇格にマイナスの影響はないと公示しました。このようにして、女性も男性も、こうした制度を利用する人が急激に増えたのです。

二〇〇〇年には、デロイト&トウシュ社における女性共同経営者の割合は14%になり、一九九一年の5%に比べると九年間で3倍になりました。今や、離職率に男女差はなくなり（男女とも一年で18%程度）、採用や研修のコストは2億5千万ドル（約275億円）も削減できました。そして、この物語が何よりすばらしいのは、そこで起こった改革が男女双方のためになったということです。女性は、転職する必要がなくなり、仕事を楽しめるようになり、そして早く昇進するようになりました。男性もマイナスの影響を心配することなく、自分にあった働き方を利用できるようになったのです。こうして、企業は有能な社員を失うこともなくなり、膨大な出費を削減できました[196]。この成功をもとに、同社はもっと意欲的な目標にむけて動いているところです。

この企業の経験は、ほんの少しの努力と粘り強さによって世界は変わると教えてくれます。もちろん、男女平等を実現するためには、社会のあらゆる面で変革を引き起こすような勇気、固い意志、情報、洞察が必要です。しかし、そうした努力の成果は、すべての人々、そして私たちの子どもの世代が受け取っていくものなのです。ある経営学者の言葉を紹介しましょう[154]。

現状のまま、ひとりだけが階段を上るというのはよいことではありません。ひとりだけでなく、女性全体が経済的な力を得ようとするならば、社会全体のシステムを変えねばなりません。アメリカ社会は、恵まれない人たちの中から努力と能力により成功する人が現れることに寛容ですが、そのことで逆に、問題もその解決もすべてその人しだいだと思い込んでしまっているのです。権力をもつ立場からすれば、こうした飾りのような人を見本にしておけば、社会を変える必要がなくなるので、とても楽でしょうが。

ある一握りの女性が成功したからといって、女性の前に立ちふさがる壁はない、社会に問題はないということではないのです。社会全体が変わる必要があるのです。その変革へとむかうエネルギーには、何が可能かという見通し、つまり、希望やひらめきにつながるものが必要です[154]。本書がそうした見通しを得るための手がかりになるよう願っています。

1章

問題1　他人に認められるのを待っていませんか？

ボストンの教会で牧師をしている女性（34歳）の話から始めましょう。彼女は教会関係の委員会の役員もしていました。その委員会では、聖職者の任命や審理の仕事をします。あるとき、その委員会の会合で、ひとりの男性牧師が、これまで三年間もらっていた補助金の期限を延ばしてほしいと求めてきました。彼は以前、裕福な地区の教会で働いており、そこでかなりの額の給料を得ていましたが、三年前貧しい地区の教会に移るときに、給料の差額を補填《ほてん》してほしいと委員会に訴えたのです。その委員会には自由裁量で使える基金がありますが、それは公にされていませんでした。しかし、委員会はその基金を使って、男性牧師に三年間補助金を出すことにしたのです。そして、その三年がそろそろ終わるので、彼は補助金の期限を更新してくれと求めてきたわけです。この話は女性牧師にとって初めて聞くものでした。実は、彼女の教会もその男性牧師と同じように経済的に苦しい状況にあったのです。そして、この男性牧師が受け取っている給料の補填を除いた金額が、自分の給与とほぼ同じであることを知りました。彼女は過去七年、その給料でなんとか4人の子どもを育ててきたのです。

この女性牧師の語った話には、自分ではどうしようもない無力感とでもいうようなものがただよっています。「この基金のことを、私は今まで全然知りませんでした。委員会の役員をしていたのに！　…今までこの話が出たこともなかったし、この男性牧師のことは話題にもなりませんでした。…応募するというようなやり方でもないし。あの男はうまくやったっていうことでしょうかね」。

この女性牧師は「自分は世の中を変えられない」つまり「交渉の可能性はない」と思い込んでいるようです。実際にはそうでもないのですが…。こうした思い込みは、自分以外の人間や何かが世界をコントロールしていると考える傾向ともつながっています。こうした考えは、この世に誕生した瞬間から、私たちを取り巻いている世界によって植えつけられ、私たちの行動にさまざまな影響を与えます。たとえば、困難に直面したときにそれをどうにかしようとするのではなく、「しかたない」と思ったり。自分の仕事を宣伝するのではなく、「がんばれば、誰かが認めてくれるはずだ」と思ったり。新しいチャンスがあっても、自分では手を挙げず、「自分が必要とされるならば、声がかかってくるだろう」と思い、ただ待つだけだったり…。女性はチャンスが平等にあると思っているようです。つまり、女性の目には人生が公平なものに映っているようです。それに反する例をいつも目にしているにもかかわらず。

たとえば、役員秘書の女性（32歳）は「いろいろなことが起こりますが、それは、向こうからやってくるというような感じです」と語ります。このように考えているため、仕事に不満を感じても、上司にそれを言おうとも思いませんでした。そんなとき、別の会社から誘われたのです。彼女が上司に辞職を伝えたとき、「どうしたらあなたを引きとめられるのか」とたずねられたので、自分の希望を伝えました。上司がその希望を聞いてくれたので、結局、会社を変わらなかったということです。なぜもっと早く上司に希望を言わなかったのかとたずねたところ、「がんばっていれば、自分から言わなくても、ちゃんとそれに値するものをもらえると思っていました。世の中は公平にできていると思っているのかもしれません」と、彼女は答えました。

なぜ、多くの女性は「誰かが与えてくれるまで待たねばならない」と思っているのでしょうか。現実には、チャンスは扉をたたいてくれません。なぜそれがわからないのでしょうか。この章では、こうした思い込みと、それを生み出したものをみていきましょう。

人生はなりゆき？　それとも自分で切り開く？

もし、チャンスについての考えが一本のまっすぐな線で描けるものだとしたら、その線の一方の端にある考えは「人生はなりゆきしだい。いくらがんばっても、できないことはできない」というものでしょう。こういう考え方の人にとっては、見えないものは手に入らないので、自分で状況を変えることはできません。線の反対の端には「世界は私の思うまま」という考え方があります。人生はチャンスに満ちており、いろいろと融通をきかせることができるし、ルールは破るためにあるし、求めればたくさん手に入ると考えている人たちです。

筆者（リンダ）は、この「なりゆきまかせ―自分しだい」という線の上で、女性と男性がどのような位置にいるのかを検討しました[11]。次のような質問をつくり、「自分を取り巻く環境は自分で変えられる」と思う傾向がどのくらいあるかを調べたのです。

・自分がほしいものは、誰かが与えてくれるのを待っているのではなく、自分でほしいと言うべきだ。

・求めさえすれば、手に入るものはたくさんある。

・毎日の出会いの中に、チャンスがある。

この質問は、序章（3ページ）で紹介したインターネット調査の中で行ないました。回答者はこうした文章に、どのくらい反対か賛成かを、1から7の数字を使って答えます。得点が低い人は、環境を変えることはできないし、ほしいものを求めても無駄だと思っている「なりゆきまかせタイプ」です。得点の高い人は、世の中は融通のきくものだと思い、快適な環境をつくるにはどうしたらよいかという方法をいつも探している「自分しだいタイプ」です。

その結果、女性の得点は男性より45％も低いことがわかりました。女性は、「ほしいものをほしいと言えば、何かが手に入る」ということを知らないし、「ほしいと言うことがとても大切」ということを知らないようでした。さらに、このインターネット調査で行なったほかの質問とあわせて考えると、この「なりゆきまかせ―自分しだい」質問で得点が10％高いと、交渉しようとする試みが30％も増えることがわかりました。つまり、「自分しだい」の傾向が

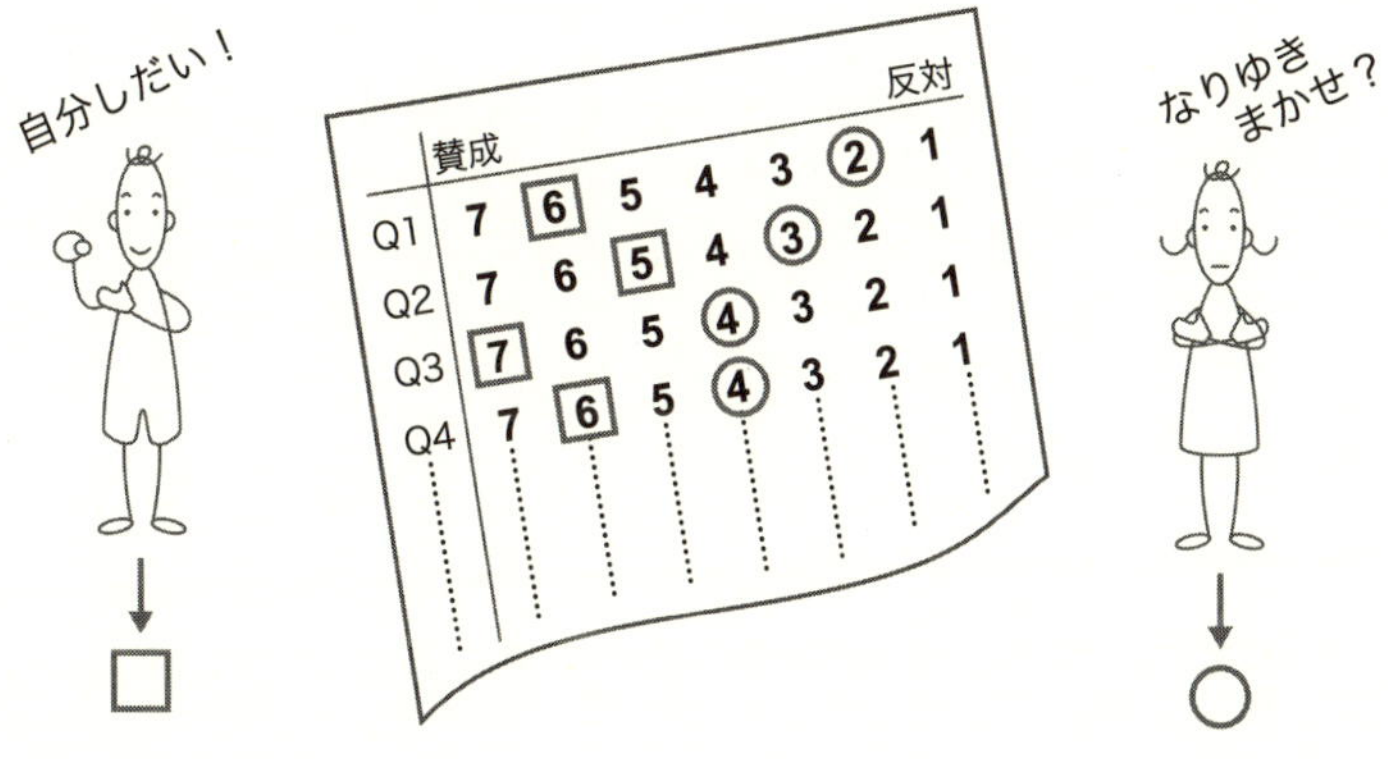

強いと、実際に交渉しようとする傾向も強くなるということです。私たちは、自分しだいタイプがなりゆきまかせタイプよりも、自分のほしいものをほしいと主張するだろう。そして、女性よりも男性のほうが自分しだいタイプだろうと思っていましたが、まさにその予想通りだったというわけです。男性は、求めればチャンスは手に入るし、そこまでいかなくても、求めさえすれば少なくとも何かを変えられると信じているわけですから、当然、自分のほしいものを口にだすはずです。

「求めていれば何かが変わったのに、それに気づかなかった」ということを、インタビューで語る女性がたくさんいました。たとえば、経営コンサルタントをしている23歳の女性は、表面は冷静で自信たっぷり。大学卒業時には、一流のコンサルタント会社から職を提供されたくらいです。彼女が言うには、自分は母親よりも父親似であり、その父から「自分のやりたいことに集中してがんばれ」と励まされていたそうです。そして、自分でも「行動しないのは嫌い」と言います。にもかかわらず、子どもの頃、弟が遠くにキャンプに行ったり、友だちと旅行に出かけたりしているのをみても、両親は自分にはそんなことを許してくれないだろうと思い込んでいたと語ります。なぜそんなふうに思い込んでしまったのか、自分でもわからないようでしたが…。そして、大きくなってから、弟に許可したことを自分もしてもよいかと両親にたずねたとき、両親は驚いて「今までそんなことを聞いたことがなかったね」と言い、そして、「大丈夫だよ」と答えたそうです。

ジュエリー・アーティストの女性（41歳）は、細かい装飾のあるアンティーク宝石箱を精確に複製するというプロジェクトに長いあいだかかわっていました。一年半ものあいだ、他の職人と一緒に、超人的スケジュールで、夜も週末も休みなく働き続けていました。そのため、パートナーとの関係が悪くなり、健康もそこねてしまいました。疲れきった彼女は、ようやく「夜や週末には休みたい」と上司に言ったのです。ひどく怒られると覚悟していたのに、上司は眉もしかめず「わかった」と言っただけでした。「ある日、そう言っただけです。それ以来、いつもそんな感じでやっています」と、彼女は筆者たちに語ってくれました。

化粧品会社に勤務する女性（53歳）は芸術作品を集めています。収集を始めた頃、彼女はあるアーティストの作品に惚れこみました。その作品を自宅にもって帰って飾り、どんなふうにみえるかを確かめると、ますますその作品がほしくなってしまいました。しかし、とても手が届かない値段なので、ディーラーに返してしまったのです。その後すぐ、そのアーティストが亡くなります。彼女は遺作の値段が上がると思い、ディーラーに急いで連絡したところ、その作品はもうすでに売れてしまったという返事でした。「そんなにほしいと思ったのなら、支払いについてたずねてくだされぱよかったのに。ちゃんとあなたのご希望にそえるよう融通できたんですが」とディーラーは言いました。彼女には思いもつかなかったことです。買い手にお金があろうとなかろうと、定価は定価であり、どうにかなるというものだとは思えなかったのです。

男性の語る話は、こうした女性の話とは対照的です。男性は「チャンスはどこにでもころがっている」という物語を披露してくれます。ほんの少し紹介しましょう。

大学経営の仕事にたずさわっている男性（36歳）は、同じ大学の教員と結婚しています。第一子が生まれてすぐ、妻が別の市にある有名な大学から客員教授として一年間招待されました。彼の仕事は百人のスタッフをまとめるようなものでしたので、地元以外でその仕事をするのはとうてい無理でした。しかし、妻にとってはすばらしいチャンスだったので、その招待を断ることなど考えもしませんでした。妻のほうは一年間別居しようと考えていましたが、彼は別居が嫌だったので、同僚と仕事をやりくりしようと考えたのです。現場にいる必要のある仕事を同僚にしてもらい、そのかわり、その同僚が今やっている仕事で現場にいなくてもできるものを引き受けると。さらに、ほかの仕事も肩代わりしてもらって勤務時間を減らし、子どもと一緒にいられる時間を確保しようと考えました。彼は優秀な人材だったので、上司はその計画を受け入れてくれたのです。おかげで、この一家はすばらしい一年間を過ごし、彼も同僚も職務交換によって新しい仕事を覚えることができました。そして、彼は一年後、職場に復帰したのです。

次は、カリフォルニア北部にあるスポーツクラブの男性オーナー（41歳）の話です。彼はサンフランシスコに棟続きの二軒のロフトをもっており、そのうちの一軒で暮らし、ほかの一軒を貸家にしていました。しかし、ガールフレンドと一緒に暮らすようになって、貸家にしていたロフトも合わせて大きな家にしたいと思うようになりました。サンフランシスコで家を設計したり、リフォームしたりというのは、たいへんお金のかかることです。彼はなんとか安くすませたいと思いました。ちょうどその頃、ある設計会社の役員会に加わった彼は、そこの社長に次のような提案をしたのです。「リフォーム代金を前払いします。これで資金に余裕がでるでしょう。開店したばかりであまり仕事のないサンフランシスコ店の仕事にもなるでしょう。おまけに、地元への紹介にもなるし、展示にもなりますよ」。社長はそのアイディアにのり、店の従業員は自分たちの仕事を地元に紹介するチャンスだと思い、がんばってプロジェクトを進めたのです。こうして彼は、本当だったら払わねばならない大金を失うことなく、すばらしい家を手に入れました。

さらに、もうひとり、ある起業家の男性（63歳）の話です。彼は高校時代、アメリカン・フットボールの選手でしたが、けがのためにアメフトをあきらめざるを得なくなりました。しかし、そのあとも、自分のチームを応援するために応援団の代表となっていました。ライバル校との試合が近づいたときに、同級生が「試合が他校であるので見ることができない」と言っているのを耳にした彼は、なんとかしようと考えました。そして、電鉄会社に行って、電車をレンタルできないかとたずねたのです。彼自身も驚いたことに、会社は喜んで電車を安く提供してくれ、全校生徒が試合を見に行くことができました。このことで、彼は高校の経営者や教師に強い印象を与え、きわどい成績であったにもかかわらず、名門イェール大学への推薦を得たのです。イェール大学に行ったことで、彼はすばらしい教育を受けただけではなく、人脈やチャンスを手に入れることができ、それが今日の彼へとつながっています。

コントロールしているのは誰？　…私じゃない

では、こうした男女の違いはどのようにして生まれるのでしょうか。このような疑問を解く鍵が、心理学者の言う「コントロールの所在」にあります[240]。これは、何が自分の運命をコントロールしていると思うのかというものです。「コントロールの所在は内」という人ほど、自分の運命は自分の中にある要因によって決まるとみており、「自分の人生をつくっているのは自分」と感じています。そして、「コントロールの所在は外」と考えている人ほど、「人生はなるようにしかならない」と感じています。コントロールの所在が内にあるタイプの人は、外にあるタイプの人よりも、自分の利益を積極的に追い求めます。自分の目標にとって役立つ情報を求め、他者に対しても自己主張することが多く、さらに、他人から否定的なことを言われても、それほど傷つかないようです[64]。そして、女性は男性よりもコントロールの所在が外にあると思っており、自分のおかれている状況が他者にコントロールされているとみなしがちです。しかし、男性は自分で環境を変えたり、チャンスをつかんだりできるとみなしているようです[169][214][275][303]。

これはアメリカ女性だけのことではありません。イギリス、ベルギー、オランダ、スウェーデン、ブルガリア、チェコスロバキア（当時）、ハンガリー、ポーランド、ルーマニア、ロシア、インド、中国、メキシコ、ブラジルの14か国で行なわれた大規模な研究でも同じような結果が得られているのです[262]。また、その研究では同じ職業についている男女の比較も行なっていますが、やはり同じような結果になっています。たとえば、上級管理職についている男女を比べても、女性は男性よりもコントロールの所在は外と考えているのです。つまり、仕事でコントロールする地位についている女性でさえ、同じ地位の男性に比べると、自分とは関係ない外からの力によって、自分の人生が左右されていると考えているようです。

このように女性が思ってしまうのは、当然といえば当然なのかもしれません。女性の生活のほとんどが、つい最近まで男性によってコントロールされてきたのですから[8]。たとえば、女性に参政権が与えられたのは、ニュージーランドが初めてで、それは一八九三年のことです。つまり、百年ちょっと前です。同じようにアメリカが国全体で女性に参政権を認めたのは一九二〇年、イギリスでは一九二四年でした。スイスにいたっては、なんと一九七一年です。こうした戦いは長く続きます。西欧の女性は、自分の財産をもつ権利、出産や避妊の自由と決定の権利、職業選択の権利をめぐる戦いに、二十世紀の大部分の時間を費やしてきたのです。

今日でさえ、経済や政治の世界をコントロールしているのは男性です。アメリカでは、二〇〇一年に『フォーチュン』誌が選んだトップ企業１０００社の重役の中で女性は、たった10・9％[e]。しかし、実は、アメリカにある全企業のオーナーの40％が女性なのです。しかし、株式資本の２・３％しか得ていません。一方、男性がオーナーとなっている企業は、残りの97・7％を得ています[237]。この数字をみれば、「世界のお金をコントロールしているのは、誰か他の人」と女性が感じてもしかたないでしょう。政治の世界でも同じです。女性はこれまで合衆国大統領にも副大統領にも選ばれていません。上院議員百名のうち女性は14名だけ。下院議員でもたった13・5％（４３５人中59人）。最高裁判事は、一七七六年のアメリカ建国以来、たったふたり。しかも、ふたりとも最近の二十五年間の話です。女性の人口は50％以上というのに。もちろん、自分の人生が他者によってコントロールされていると感じているのは、女性だけではありません。マイノリティ（少数民族）の人たちも同じように、政治や経済の中心から閉め出されていると感じています。

他の英語圏の国やヨーロッパでも、状況はそれほど大きく違いません。イギリスでは、マーガレット・サッチャー氏が十一年間（一九七九〜一九九〇年）にわたり首相を務めましたが、下院議員は男性ばかりです（659名中女性は18％）。オーストラリア、ニュージーランド、西ヨーロッパで、政府や大企業の要職についている女性はわずかです。北欧、特にスカンジナビアでは過去二十年、女性は大躍進しましたが、それでも、政界や経済界の中心にいる女性は50％をはるかに下回っているのが現状です[142]。

公教育からの閉め出し、参政権や財産権の否定、生殖決定権の否定という歴史によって、女性は自分の運命を誰かの意志や気まぐれにゆだねるようになってしまったのです。女性の人生は、何千年ものあいだ、外部の力によってコントロールされてきました。女性はそれをきちんと認識していません。そして、その認識は女性のアイデンティティの中に深く根づいているのです[8]。

こうした過去の遺物は、今でも女性の人生を大きく左右しています。たとえば、デートや結婚。こういう場面でも「リードするのは男性」というのが、長いあいだの習慣でした。もちろん、今でも。陸軍の女性軍曹（23歳）は2歳の子どもがいるシングルマザーです。妊娠したとき、彼女は恋人から結婚を申し込まれたいと思いました。しかし、彼は求婚しなかったのです。彼女は彼が結婚したくないのだと思い、あきらめてしまいました。子どもが生まれたあと、彼との関係は終わってしまいましたが、そのとき、もし彼女が結婚を申し込んでいたら、彼は結婚するつもりだったということを知ったのです。彼女は仕事の面では有能で意欲も高い女性です。部下には男性もいて、彼らをコントロールすることに慣れていたのにもかかわらず、結婚についてはその決定をコントロールするのは自分ではないと思っていたようです。

人生の決断というほどではないけれど、もう一つ、身近な例をあげましょう。研究者（36歳）とミュージシャンのカップルの話です。彼女は結婚しても旧姓を使い、そして、ミュージシャンの夫よりずいぶん稼いでいました。ふたりの子どもがいて、その子どもたちの教育にも熱心でした。その彼女が数年前、南西部の牧場で「地獄の休暇」を経験したのです。子どもはふたりとも、まだ4歳にもなっていないのに、一週間、他の20人の客と一緒に、一つの小屋に押し込められ、そこで原始的なトイレを使うはめにおちいったのです。そこには浴槽もありませんでした。ふたりで順番に休暇を過ごす場所を決めており、そのときは夫の番だったので、彼の選択は最終決定であり、交渉できないと思い込んでいたようです。彼は人の意見に耳を貸さないというような固い人間ではなかったのですが。あとで、彼女は「子どもたちには、浴槽が必要だ」と言いさえすれば、彼の決定を変えることができたということを知ります。

仕事の世界でも同じような話がいっぱいあります。ここであげるのは、ほんの一例です。子どもの権利擁護団体で政策プランナーとして働いている女性（29歳）は、大学卒業後に、子どもの権利を研究しているシンクタンクに就職しました。当初、彼女は喜んで一番下のレベルで働き、いわゆる下積みを経験します。そして一年半後に、やってみたい仕事をみつけ、その職務ポストが空いていることを知りました。そこでなら自分の能力が発揮できると思い、上司に自分が興味をもっている仕事についてほのめかしてみました。具体的な職務をあげて、そこに異動させてほしいと言ったわけではありません。そのせいか、さらに二年、同じ仕事を続けることになったのです。その後、自分で自分の将来をコントロールできると気づいた彼女は、そのポストにつけてくれと直接求めることにしました。こうして、彼女は念願のポストを手に入れることができたのです。

こうした話から、女性は「他人がすべてをコントロールしている」と信じきっていることがわかります。一方、男性はこうしたことを自分である程度コントロールできると思っており、そして、実際にコントロールしようと行動するようです。

女性と男性の考え方がこんなに違うのはなぜ？

なぜ女性と男性では、こんなにコントロールについての考え方が違うのでしょうか。その原因は子どもの頃にまでさかのぼることができます。子どもは、男女のふるまい方の違い、男女が社会で果たす役割の違い、好みや能力の違いといったものを鋭く観察します。こうした情報をもとに、「女とはこんなもの」「男とはこんなもの」という考えをもつようになります。それは、男女それぞれの身体的特徴、好み、興味、能力、行動についてのカタログのようなもので、心理学者は「ジェンダー・スキーマ」と呼んでいます[95]。

子どもは、ごく幼い頃からジェンダー・スキーマをつくり始めています[178][183][205]。2歳頃には、女の子と男の子は違うおもちゃで遊び、遊び方も違い、違う服を着るということを知るようになります。大人の女性と男性が違う種類の仕事をすることも学び、家で使う道具（アイロン台や大工道具など）が女性のものか男性のものかもわかるようになります。心理学者は、6歳児はすでに「ジェンダー・スキーマの専門家」であると述べています[299]。この年頃の子どもは、自分たちのまわりにあるさまざまなジェンダーに気づいており、ちゃんと理解できるようになっていると考えられているのです。

子どもは世界の大部分を男性がコントロールしているのをみて、それをジェンダー・スキーマの中に取り入れ、これは単にそうなっているだけではなくて、男性がコントロールしなければいけないのだとまで思ってしまいます。家族の生活パターンも子どもの考えを強めています。たとえば、夕食のときに、男性がすわったままで女性が食事を運んでいる光景は、家の中では、男性はボスで女性は子分、つまり、コントロールするのは男性で、女性はその命令に従うものだということを子どもに伝えるでしょう。また、女性より男性のほうがたくさん運転するならば、男性が家族の移動や安全をコントロールするということを、子どもに示唆するようになります。結婚しても男性はあまり姓を変えませんが、女性は結婚すると姓を変えることが多いので、男性が家族の姓を

決め、家族全体のアイデンティティを決めるのだと暗示することになるでしょう。

男女の平等をめざすべく意識的に取り組んでいる家族でさえ、子どもにコントロールについてのメッセージを送っている可能性があります。筆者たちの話をしましょう。まず、リンダから。私（リンダ）のところでは、夫よりも私のほうがずいぶん稼いでいます。それなのに、私は外出するときにあまり現金をもたないことにしているので、何か買うことがあったら、夫に払ってもらっていました。3歳の娘とふたりでドラッグストアに立ち寄ったときのことです。娘はぬいぐるみをほしがり、「ママ、これ買ってくれる？　お金ある？」「女の子もお金をもっている？　お金をもっているのは男の子だけ？」とたずねてきたのです。家族の習慣がいつのまにか娘に「金銭をコントロールするのは男性」と伝えていたようです。その後、私は自分のお金で買い物をしているところを娘にみせるようにし、さらに、娘にブタの貯金箱を渡しました。これで娘も、お金をもてるようになりました。

次に、サラの家庭の話です。私（サラ）の家では、網戸、電気製品、トイレ、おもちゃなどが壊れると、修理するのはたいてい夫でした。さらに夫は、バッテリーを充電したり、電球を取り替えたり、ハンマーで出ている釘をたたいたりもしていました。私自身もこうしたことがちゃんとできますが、夫が楽しんでやっているので、いつのまにか彼に任せるようになっていました。息子が4歳のとき、おもちゃを壊してしまったのですが、そのとき夫は不在。「私のところにもってきてごらん。なおせるかどうかみてあげるから」と言ったのですが、息子は「だめ。パパがやってくれるから。パパはなおし方を知っているから」と答えました。そのとき私は気づいたのです。「女性にはできないことがある」というのを、両親がふたりがかりで子どもに教えていたのだということに。男性は物理的な世界や物体の機能をコントロールできるが、女性にはそれができないということを教えていたのだと。もちろん今では、私もおもちゃをなおし、バッテリーを充電し、電球を取り替えています。

子どもは学んだことをジェンダー・スキーマに取り入れ、それにあわせて行動します。男の子は自分がコントロールする立場にあることを学び、自分のほしいものを手に入れる方法や、自分の欲求を主張する方法を探します。女の子は自分の人生をコントロールできないことを学び、それに基づいて行動します。この学習は社会からの強いプレッシャーによるものであり、気がつかないあいだに生じることが多いのです[95]。

子どもがコントロールについて学ぶのは、これだけではありません。親が子どもの性別に応じて違うことを考えていれば、子どもはそれに大きな影響を受けるでしょう。たとえば、親は娘より息子に自立をうながすことが多いようです[21]。また、たとえ身長や体重など客観的に測定できるものに違いがなくても、子どもが生まれてすぐ（誕生後24時間以内）、親は女の子と男の子を違うものとしてみてしまうようです。父親も母親も、男の子は機敏でたくましいと思い、女の子は小さくきゃしゃだと思う傾向があります[243]。たくましいとみられた子どもは、たぶんいろいろなことができると思われるでしょうが、きゃしゃにみられた子どもは、手をかける必要があるようにみえてしまい、それゆえ依存的だと思われるでしょう。また、子どもにさせるお手伝いからもメッセージが伝わります。男の子は戸外でひとりでしなければならないような仕事（芝生を刈る、雪かきをする）

を与えられることが多く、女の子は誰かにみてもらわないといけない仕事、つまり他人にコントロールされるような仕事（料理の手伝い、妹や弟の世話）を与えられることが多いようです[116]。さらに、女の子は弱いという思い込みから、娘を守ろうとする親が多く、女の子の行動をコントロールしたり活動を制限したりする一方で、男の子には自由を与えています。このようにして、男の子は自分の人生をコントロールできると思い、また、コントロールしなくては、と思うようになり、女の子は自分の運命を誰かに指示してもらうのに慣れていくようになるのでしょう。

小学6年生を担任しているある教師が、子どもたちに「もし、異性に生まれていたら、どんな生活を送っていると思いますか」とたずねました。男の子の答えは「ママが料理するのを手伝わないといけない」「休憩時間にバスケットができない。ぼんやり立ってないといけないと思う」「妊娠しないか不安だと思う」など。一方、女の子の答えは「夜遅くまで外で遊べる」「もっとスポーツをやる」「外見や服のことを気にしなくてよい」などでした。男の子の答えには、「女の子になったら、～しないといけない」という軽蔑したような響きが含まれ、女の子のほうには、手の届かないものへの願望のようなニュアンスが入っていたということです。6年生くらいの子どもでさえ、男性にはチャンスがあり、女性には制限があるのだと学んでいるようです[213]。

親は子どもにこうした違いをたくさん伝えています。ある女性は、夫との会話について語ってくれました。「夫は、父親と外出し…チップの渡し方を教えてもらったそうです。レストランの案内係によい席をとってもらうために、こっそりとお金を渡したり、音楽を演奏しているバンドにお金を渡したりというようなことを…」。同じようなことを経験した女性に会ったことはないと、彼女は言います。ほしいものを手に入れるために「裏をかくようなやり方を教えてくれるなんて」。男の子が、環境を自分にあわせて変えろと習っているときに、女の子は違うレッスンを学んでいると彼女は考えています。「幼い女の子は、ほかの人からたくさん投資してもらうようにと教わっているような気がします。だから、誰でも女の子に意見を言うようになります…男性は、そうしたものを気にしないように育てられる…もっと自立するようになって」。

こうして女の子は、権威をもっている人に従うようになります。権威は、何をしていいのかということだけではなく、何がいけないことなのかも決めます。権威を無視すれば、制裁を受けるようになります（このことについては4章で説明します）。また、自分の価値は権威によって決められ、この決定を素直に受け入れねばならないということも、女の子は学びます。

たとえば、別のある女性は、こんなことを覚えているそうです。

初めてのバイトは、ベビーシッターでした。たぶん、6年生の頃。相手の人が「バイト代はいくらほしいのか」と聞いてくれたのだけど、わからなくて、電話を切って、いくらもらえばいいのかと母に聞いたんです。母は「いくらでもけっこうです」と言いなさいと。それで一時間35セント（約40円）もらいました。それが私の初めての給料交渉でした。

ここで彼女が学んだのは「どのくらいほしいのかを考えてはいけない、自分から求めてはいけない、もらえるものを受け取りなさい、そして、それに満足しなさい」ということでしょう。

こうした経験は、女性にどんな影響を与えているのでしょうか。参考になる研究を紹介しましょう。その研究では、採用時の給料交渉という場面を設定し、学生に応募者役になってもらい、雇用主役と交渉を行なってもらいます。そして、その後、応募者役の学生にインタビューをします。そのインタビュー内容から、「自分の『価値』は、どのようにして決まるのか」という考えには2種類あることがわかりました。一つは「自分の価値は自分で決める、そして、会社がそれにみあった給料を払うかどうかは自分の交渉しだい」と考えているグループ。もう一つは「自分の価値は会社からもらう給与額によって決まる」と考えているグループ。第一のグループに入るのは、男性参加者の85%に対して、女性参加者ではたった17%。逆に、第二のグループには女性の83%、男性の15%が入りました。第二のグループの人たちは、自分の価値を決めるのは他人だと思い込んでいるのかもしれません[16]。ここから、男女の違いがはっきりとみえてきます。男性は自分の能力に自信をもち、自分にふさわしいものが得られるかどうかは自分の責任だ、という信念をもっているようです。つまり、自分でコントロールできるという信念を、男性はもっているということです。これに対して女性は、自分の価値は他人が決める、自分が何をもらうかも他人が決めると考えているようです。自分ではコントロールできないと思っているのでしょう。自分以外の何かが自分にふさわしいものを決めると思っているのですから、「自分から声をあげて求めてもよい」ということを思いつかないのは、あたりまえかもしれません。

「人生は実力主義」ではないらしい

女性は、がんばってよい仕事をすれば、成功するはずだと思いがちです〔◆280〕。これも、女性が「人生は外部の力によってコントロールされている」と考えているためでしょう。「報酬やチャンスは与えられるもの」「がんばってよい仕事をすれば、当然認めてもらえるはず」と思っていませんか。もちろん、才能のある人ががんばって成功するというのは、アメリカン・ドリームの基本ですが、女性はがんばるだけでよいと思い込んでいるようです。

銀行勤務の女性（30歳）も、自分から求めたほうがよいというのはわかっているのですが、それでも、社員ががんばっていたら会社はそれを認めるべきで、社員が自分から昇給を求める必要はないと感じています。「優れた仕事をしている人は認められるべきだし、その人の給料は市場によって自然に決まるはずだと思っています。雇用主は、自分の会社の中のことを知っておかないといけない。誰ががんばっているかとかも」。

逆に男性の場合、子どもの頃は公園で、大人になってからは職場で、「戦うこと」を学んでいます。男性にとってベストをつくすとは、ほしいものを手に入れるために積極的に攻め込むという意味もあるようです。財務管理会社の社長をしている男性（42歳）は、子どもの頃、一番大切なのは一生懸命がんばることだと親から何度も言われて育ちました。そのため、ビジネス界に入ったばかりの頃には、がんばればよい、よい仕事をすれば昇進できるし、チャンスもまわってくると思い込んでいたと言います。しかし、すぐに、競争社会では自分の能力が認められるのを待っていてはダメだと気づいたそうです。積極的に自分を売り込み、顧客の注意を引きつけ、自分の業績やアイディアを宣伝し、昇進につながるような職務や配属を求めねばならないと。仕事を始めた当初、彼は多くの女性と同じように、拒絶されるのが怖くて、自分のほしいものを言い出せませんでした。しかし、一度勇気を出してやってみたら、思ったほどむずかしくはなかったと語ります。実際のところ、上司も同僚も顧客も、彼の考えがわかってよかったと思っているようでした。もちろん、彼の希望がかなえられることはそんなに多くありませんが、上司は彼のアイディアがよいと思ったら、そして、そのための資源や手段があれば、彼に便宜をはかろうとしました。この男性はこうやって自分から求めることの大切さを学びましたが、女性にはこうしたレッスンを学ぶ機会がなかなかないのです。

ルールは守るためにある——女の子にとって

女の子は、他人のつくったルールに疑問をもつことがあまりないようです。それは、人生をコントロールしているのは、自分以外の何かほかのものと信じて育つためでしょう。子どもの遊びを研究している心理学者によると、子どもどうしが遊んでいるときに、大人は、女の子と男の子で違う遊びをするようにはたらきかけているということです[51]。また、理由はわからないのですが、女の子は「構造化された遊び」、男の子は「構造化されていない遊び」が好きなようです。構造化された遊びというのは、ルールや大人の言うことに従うものです。一方、構造化されていない遊びでは、子どもは自分たちだけで活動し、自分たちのルールをつくり、みんながリーダーになりたがり、攻撃的にふるまいます[51][90][138]。女の子は構造化された遊びから規則に従うことを学び、誰かから言われた通りに行動するということに慣れます。男の子は構造化されていない遊びによって、これとは逆のこと、つまり、自分でルールを決め、自己主張することを学ぶのです。

ところで、このように遊び方が違うのは、性別によって子どもの行動が生まれつき違うからなのでしょうか、それとも遊び方が違うから行動が違うのでしょうか。つまり、女の子も構造化されていない遊びをすれば、男の子のような行動をするようになるのでしょうか。ある心理学者はこれを確かめるために、小学校に入る前の子どもたちを性別に関係なく、構造化された遊びと構造化されていない遊びの二つの条件にふり分けてみました。その結果、子どもの行動は遊びによって変わることがわかりました[52]。つまり、性別が遊び方を決めているのではなく、遊び方が子どもたちの行動を形づくっているということです。もし、大人が女の子に構造化された遊びをさせるなら、それは女の子に「外から押しつけられたルールに従え。自分を他人のコントロールにゆだねろ。自己主張するな」と訓練しているようなものです。つまり、「現在の状況に疑問をもつことなく、それを受け入れて、それに従いなさい」と言っているようなものでしょう。もし、構造化されていない遊びを男の子にさせているのだったら、それは、男の子が自立し、また、リーダーになるのを手助けしていることになります。また、「環境にあわせて自分を変えるのではなく、自分にあわせて環境を変えるのがじょうずなやり方だ」ということも男の子に伝えているでしょう。そして、「制限を受け入れる必要はない。代わりのものはある」ということも教えています。

子どもの頃からこのように違った行動をとっているのですから、大人になっても、男女の行動が違うのはあたりまえかもしれません。

ある女性（36歳）は、「男性は、子どもの頃から自分の気持ちを言葉にすることを学んでいます。…子どもの頃、私は、何かを口に出して求めろとは教わりませんでした」と語ります。この女性は「自分の人生をコントロールするのは誰かほかの人。与えられたもの以外に何かを求めてはいけない」としつけられたのです。こうして、彼女は大人になっても、自分のほしいものを強く求めたり、自分の欲求を優先したりすることに抵抗を感じるのです。

では、どうしろっていうの？

こうした状況を変えるには、どうしたらよいでしょうか。ここで、いくつかの提案をしてみます。

▽あなたに子どもがいれば　あなたに娘がいるならば、ひとりでできるようなお手伝いをさせ、構造化されていない遊びをするようにうながし、過保護になる気持ちをおさえることが必要でしょう。そして、親自身が見本となって、女性も男性と同じように稼ぐし、買い物もするし、壊れたものの修理もするし、さらに、自分自身や家族の生活をコントロールしている、という様子を子どもにみせることも必要でしょう。

▽あなたに後輩や部下がいれば　職場では、メンター（指導役）となった人が女性を励まして、現状をそのまま受け入れないようにうながすことも可能でしょう。また、世界は交渉可能なものであり、前に進むためにはチャンスを自分で探さねばならないということも伝えられるでしょう。部下に男女両方がいる上司は、部下が全員平等に扱われ、同じように昇進し、チャンスも平等になるように積極的に保証すべきです。それは、部下が何を求めているのかに注意をはらい、男性従業員からの要望を女性にも適用することで可能となるでしょう。

▽あなたが経営者ならば　ひとりの従業員が昇進を求めてきたからといって、社員全員を昇進させることはもちろんできないし、ひとりが昇給を求めたからといって、全員の給料を上げることもできません。けれど、本当によい経営者だったら、ひとりの男性が何かを求めてくるたびに、彼と同じくらいの資質をもった男女従業員を同じように処遇するよう考えるでしょう。さらに、もっとよい経営者は、自分から何も言わない女性についても、彼女がきちんと活用されているかどうかを検討するでしょう。そうすれば、自分からは何も言おうとしない女性に報いることができるし、まじめに働く社員にも相応の処遇ができます。それは企業への帰属意識に結びつくでしょう。企業の立場からは、人的資源（ヒューマン・リソース）を最大限に活用することで、効率や生産性を高めることができるでしょう。前に紹介した政策プランナーの女性は、昇進を二年間待ちました。そのため彼女は損をしましたが、組織も損をしたのです。優れた経営者ならば、労使双方が得をする、いわゆる「勝ち／勝ち（Win／Win）状況」をめざすことが必要でしょう。

働く人々の求めるものは、実のところ、ちょっとしたものという場合が多いのです。たとえば、融通のきくスケジュールだったり、奨励金だったり、コンピュータのアップグレードだったり、単によい肩書きだったり。こうしたことの多くは、それほどコストがかからないものです。こうした要求に公平に応じることで、帰属意識をつくり、生産性を高めることができます。また、職場で平等に扱われているという気持ちや、自分の貢献が認められているという気持ちがあれば、人々は企業にとどまるようになり、社員の離職にかかるコストも削減できるでしょう。

「なりゆきまかせタイプ」から「自分しだいタイプ」をめざして

女性も「なりゆきまかせ」から「自分しだい」へと脱皮することができます。「自分がほしいものを追い求める」ということが大切なのです。それがわかれば大丈夫です。政策プランナーの女性は語ります。

ほしいものをほしいと、まず口に出してみるというのが最初の大きなステップですね。それを学びました。以前は、認めてもらえさえすれば、それに値するものを与えてもらえるだろうと思っていました。でも、実際は、自分自身で…自分のことを他人に知らせなければならないんです。本当にむずかしいことです。…でも、言えばなんとかなります。まあ、政治のスローガンみたいなものです。耳を傾けてもらうためには、三度はくり返さないといけない。

また、ある女性（43歳）は、口に出すだけで、今よりももっと多くのものが手に入るかもしれないと語っています。

たとえば、クレジット会社に、利息を低くしてほしいと頼めるなんて思いもしませんでした。もし延滞料があったとしても、お得意さんだったら、いつもちゃんと期限通り払っているからということで、延滞料をなくしてくれと頼むこともできるかもしれない。誰かがそんなことをしたっていうのを聞いて、思いついただけなんですが。どこのホテルだって宿泊料を交渉できると誰かが言っていました。そんなことは今まで思いもしなかったし、そんなことをどうしてもしなきゃいけないということもないんですけど。でも、もし必要だったらやるかもしれません。とにかく、外の世界でどんなことが起こっているのかを知ってよかったと思います。

また、若い女性は「なりゆきまかせ」ではなく、「自分しだい」という考えが強くなってきているようです。章のはじめに紹介した「なりゆきまかせタイプ／自分しだいタイプ」の調査結果ですが、20代の女性の得点は同世代の男性の得点とほとんど同じでした。これに対して、30代、40代、50代の女性の得点は同世代の男性よりも低かったのです。つまり、若い世代の男女は、チャンスについて同じように考えているということです[11]。これは、男女平等意識の高まりによって、親や学校、メディアが、昔よりも子どもたちを平等に扱うようになったからかもしれません。また、女性の社会進出が進み、企業のトップレベルにつく女性が多くなったことで、チャンスがあること、そして、そのチャンスをものにするのが大切だということを、若い女性に教えているのかもしれません。もちろん、まだまだ男女格差が大きいのが現状ですが[60]。しかし、もしこうしたことが続いていけば、やがて女性は自分の人生や世界をコントロールできるようになるでしょうし、そして、社会からも女性は自分でコントロールできるのだとみなされるようになるでしょう。そうすれば、子どもたちのもつジェンダー・スキーマも変わっていくことでしょう。

ただし、20代の男女の得点が同じくらいだったといっても、これを悪く解釈すると、若いときには男女ともチャンスについて同じように考えているものの、年を重ねるにつれてだんだんと考え方が違うようになるのだとも言えなくもありません。つまり、男性はだんだんと「自分しだいタイプ」になり、チャンスはどこにでもあるという思いが強くなっていくのかもしれません。実際、世の中をみまわすと、チャンスは男性に対して大きく開かれているようです。男性が権力、地位、名声の階段を上っていくそばで、女性は自分で自分の人生を変えたという経験をほとんどしないのかもしれません。その結果、男性がどんどん「自分しだいタイプ」になる一方で、女性の考え方はほとんど変わらないとも考えられるのです。

しかし、がっかりすることはありません。一度自分が「なりゆきまかせタイプ」だということに気づきさえすれば、すぐに改めることができます。つまり、チャンスについての考えというのは、今からでも、何歳からでも、変えられるということです。「自分しだい」になるというのは、そのくらい簡単なことなのです。たとえば、筆者たちのアイディアを聞いたとたんに、「あ、そうか!」というひらめき体験をしたと語る女性がたくさんいます。彼女たちは、自分がなぜほしいものをほしいと言えないのかという原因を知り、そして、ほしいと言わないことで、自分がいかに犠牲をはらっているのかに気づいたと語ります。たとえば、心理職のある女性（58歳）は、できたばかりの新しい組織で非常勤スタッフとして働いていました。あるとき、彼女はある仕事のアイディアを思いつき、それを上司に伝えたところ、「すぐにとりかかってほしい」という返事を得たのです。しかし、非常勤なので、その新しい仕事をしながら今の職務を続けるのは、時間的に無理でした。「もっと勤務時間を長くしてくれれば、両方の仕事がちゃんとできるのに」と息子に相談すると、彼は「上司に聞いてみれば？」と答えたのです。実は、その息子は筆者（リンダ）のところにいる学生でした。彼女ははじめ、そんなことをしたらなんだか気まずいし、上司との関係も悪くなるかもしれないからといやがりました。しかし、息子から授業の話を聞いて勇気づけられ、上司に聞いたところ、上司は喜んで「言ってもらってよかったよ」と賛成してくれたということです。この女性のことは直接知りませんでしたが、息子である学生を通じて、筆者のところにお礼を伝えてきました。

もちろん、ほしいと言えば、いつもそれが手に入るという保証はありません。私たちの文化は、女性が自分の要求を口にする意欲を失わせることが多いし、要求を表に出す女性に対してひどい反応をすることもよくあります。しかし、ごくふつうの男性が、職場でもそれ以外のところでも、女性よりかなり有利な人生を過ごしているのは、人生はみかけよりも可能性があると感じているからなのです。「自分で自分の人生を変えられる」というレッスンは、簡単に学ぶことができます。あなたも挑戦してみませんか。

2章

問題2　自分の価値を低くみていませんか？

私（筆者：リンダ）のところに、ある女子大学院生が志望していた企業に採用されたと報告に来てくれました。しかし、彼女は先方から提案された給与額をそのまま受け入れていたのです。私の交渉の授業をとっていたにもかかわらず、提案された額が思っていたよりもよかったので、交渉しようなどと思いもしなかったと言います。

この物語はある真実を語ります。交渉というのは、そもそも現在の状況に不満をもっていなければ始まらない。「もっとお金があったら…」「もっとよい肩書きがあったら…」「もっと家事をやってもらえたら…」という気持ちがなければ、何も起こらないのです。現在の状況に満足しているのならば、それ以上にほしいと思ったりはしないでしょう。これが女性の大きな問題なのです。少ないもので満足してしまうということが。

望みはひかえめに――それが問題！

同じ地位でも、女性は男性以上に自分の給料に満足しているということが、一九七八年の研究で示されています。しかも、男性と同じ仕事をしたときの報酬が男性よりも少なくても、女性は満足してしまうようです[249]。その四年後、いろいろな企業で行なわれた研究でも、同じような結果が得られています。これは、「満ち足りた女性労働者のパラドックス」と呼ばれるものです[66]。十七年後の一九九九年に行なわれた研究でも、同じような結果が得られました[118]。二十一世紀の今も、女性は男性よりも安い給料に、男性と同じくらい満足しているのです。

女性はなぜ男性よりも低い給料に満足してしまうのでしょうか。それは、女性はあまりたくさんのものを望まないので、少ないものに満足するからと考えられます。つまり、女性は男性ほど高い給料を期待せずに働き始めるので、その通りであっても失望しないのだということです[187]。これを検討した研究を紹介しましょう。大学生にいろいろな職業の給与額の範囲を教えたあと、卒業後の仕事の初任給はどのくらいになるだろうかとたずねました。その結果、同じ情報を得ていたにもかかわらず、同じ職業に対して、女子学生は男子学生よりも3～32％も低い給料を回答したのです。同じ職業なのに、女性は給料を低く見積ってしまうようです[193]。

学生に、新卒時の給与額と生涯で一番稼ぐピーク時の給与額を想像させた研究もあります。それによると、女性に比べ男性は、新卒時で13％、ピーク時で32％も高い給与をもらえるとみなしていたそうです[187]。さらに、ある仕事に対してどのくらいの給料が公平かという考えにも、男女の違いがみられます。女子学生が「公平な給料だ」とみなした額は、男子学生よりも、新卒時で4％、ピーク時で23％も低い値でした[144]。こうしたことから、女性は概して、同じ仕事に対して男性よりも低い給料を見込んでいると言えるでしょう。

筆者たちの行なったインタビューでも、同じようなことが語られています。「ほしいものはだいたい手に入りますか？」とよく質問しましたが、驚いたことに、ほとんどの女性が「はい」と答えるのです。でも、よく聞いてみると、ほしいものが手に入ると思っているのは、実は、あまり多くのものを望んでいないせいだというのがわかりました。銀行に勤める女性（28歳）は、「無理してまでほしいと思ったことがないので、ほしいものはたいてい手に入る」と言います。グラフィック・デザイナーだった女性（36歳）は、現在、子育てのために家庭にいますが、彼女は「仕事でも家庭生活でも、現実的な見通ししかないので、望むものはだいたい手に入る」と言います。小さな玩具店オーナーの女性（45歳）は、「あまりほしいと思わないし、すぐに満足するので、自分のほしいものは簡単に手に入る」と言います。謙虚な女性はほかにもいっぱいいます。見込みが低ければ満足するのも簡単です。だから、女性は低い給料に満足するのかもしれません。

給料が低くても満足するというのは、考えてみると不思議です。しかし、これまでみてきたように、給料に満足するかどうかは、本人がどのくらいもらえると思っているかと関係しており、市場と照らし合わせて本当ならどのくらいもらえるのかということとは無関係なのです。自分の見込みより給料が少なければ不満を感じます。しかし、市場での価値、言い換えれば、自分と同じような仕事をしている他の人がもらっている給料の額ということですが、それと自分がもらっている額が違おうと、それは本人の満足感とはあまり関係しないようです[180][219]。女性はたいてい多くを期待しないので、あまりもらえなくても失望しないのです。

女性の仕事には価値がない——なぜ？

女性はなぜそんなに謙虚なのでしょうか。それは、気の遠くなるくらい長い歴史のあいだ、家庭内での無償労働にその人生のほとんどを捧げていたので、自分の労働を金銭に換算して考えるということに慣れていないためだと考えられています。社会の中でも、女性の仕事だと考えられているものには、経済的な価値が認められてきませんでした。しかし、考えてみてください。人間のもっている富の三分の二は、人間のスキル（技能）や創造性や活動、つまり「人的資源」によってつくられているのです。子どもをきちんと育てている親は、大きな富をつくり出しているはずです[65]。もちろん、人材育成には教育システムも大きな貢献をしています。学校では子どもの創造性やスキルを高めるような教育が行なわれています。しかし、家庭そのものが安定していなければ、教育システムはあまり効果を発揮できないでしょう。家庭の貧困や家族からの虐待に対して、学校ができることには限界があるのです。

このように経済の面から考えても、育児には重要な意味があるのですが、子育てをする女性は働いていないとみなされ、さらに、収入を大幅に失ってもいます。子どものいる女性といない女性を比べると、その賃金格差は若い男女の賃金格差よりも大きくなっています。この失われた収入は、アメリカの大卒女性1人あたり百万ドル（約1億円）以上になるという報告もあります[65]。このことから考えると「女性の仕事」は、金銭的な価値をもたない職業というだけでなく、マイナスの価値をもつ職業という意味をも含むようになります。子育てという骨の折れる重要な仕事は、それで収入を得るというよりも、むしろ自分でお金を払うものということになるのです。収入を失い、チャンスを逃し、経済的基盤も失ってしまうのです。

こうしたことは一部の女性だけの問題ではありません。ある経済学者によると、家事・育児は現在のアメリカで従事している人のもっとも多い職業であり、30代の女性でさえ、もっとも一般的な職業はまちがいなく専業主婦だということです[65]。これは学歴の高い女性にもあてはまります。「伝統的な家族形態は、あらゆる経済的地位、あらゆる階層、あらゆる人種を通じて、今でもみられる。先進国の中で、アメリカは大卒女性の労働力率がもっとも低い国の一つ」なのだそうです[*1][65]。

　こうした現実が女性に与える影響は深刻です。自分でも無償労働に慣れているし、他の女性が無償労働に従事している姿も見慣れているので、自分の時間や能力を経済的観点からみることができなくなっているのです。

　筆者たちのインタビューでも、こうした話がよく出てきました。雑誌編集者の女性（41歳）はかつて、働く女性をターゲットにした新しい雑誌の編集長だったことがあります。採用のとき、上司となる人から給料について打診されたのですが、そのとき彼女は、「何も知らなかったし、見当もつかなかったし、そんなにたくさん稼いだこともなかったし、そんなにお金が必要でもなかったので、そのとき自分が言った額がすごく高いように思えたんです。実はそんなにたいしたこともなかったんですが」。就職後、同じようなポストにいる人に聞いたときに、自分の給料がとんでもなく悲惨な額であるのがわかったと言います。自分の能力やスキルを過小評価していたために、こうしたことが起こったのです。これは他人事ではありません。自分のスキルや才能、経験が市場でどのくらいの価値をもっているのか、わからない女性が多いのです。

　しかし、たとえ自分の市場での価値を知っていても、それを交渉の武器にすることに抵抗を覚える女性もたくさんいます。重役秘書の女性はヘッドハンティングを受けたときに、上司がどうしたら引きとめられるのかとたずねても、昇給のことを口に出しませんでした。「チャンスだと思ったけど、でもフェアではないように思えたんです」と語ります。彼女の場合には自分の価値がわかっていたのに、それを利用するのはよくないと思っていたのです。

これもまた、男女の伝統的な役割分業のせいだと考えられます。男性個人の価値は、労働市場における財産や地位、権力に基づきます。しかし、女性の価値は最近まで、家庭内で秩序を保ち、家庭をコントロールするという能力に基づいたものでした[86]。男性は市場での自分の価値を評価することに慣れているので、ほしいものを手に入れるために、自分の価値を利用するのに抵抗がないようです。たとえば、同じような職務についている人の平均給料を調べたり、ライバル社からのヘッドハンティングの話をもち出したり、自分は組織の外でも通用する人間だと強調したりします。

「好きだから。お金のためじゃない」――どこかで聞いたセリフ

子どものお手伝いを考えてみましょう。女の子は、料理や掃除のように、毎日の家事のお手伝いをさせられます。男の子のお手伝いは、洗車や雪かき、ゴミ出しのように、そんなに毎日するよう

＊1　［訳者注］高学歴女性の労働力率：ＯＥＣＤ（経済協力開発機構）の発表した統計（二〇〇二年）によると、大学・大学院卒業の女性（25～64歳）の労働力率は、日本68％、アメリカ81％、イギリス87％、ドイツ83％、フランス84％、スウェーデン90％（厚生労働省ホームページより）。

なものではありません[116]。また、アメリカでは庭の芝刈りや雪かきなどは男性の仕事だとされていますが、たいてい近所の男の子にお金を払ってやってもらいます。しかし、女の子はお金をもらって、近所の人のために掃除や料理、皿洗いをするということがほとんどありません。というのは、こうした家事は女性の仕事だとされ、それぞれの家庭で女性がやっているからです[116]。

親は、ふだんしないことにはお金を払わないといけないと思っているようです。そのため、娘がお皿を洗ってもお金を払いませんが、息子が車を洗うとお金を払うのです[299]。お手伝いによって、子どもは「女性の仕事」と「男性の仕事」は違うということを学び、さらに、それぞれの仕事にふさわしい報酬も違うということも知るのでしょう[299]。こうして子どもは、男性の仕事は「報酬のため」、女性の仕事は「愛のため」と考えるようになるのかもしれません[299]。

女性が自分の仕事に値段をつけなければならないときに困るのは、こうした子どもの頃のしつけのせいかもしれません。たとえば、舞台制作マネージャーをしている女性（30歳）でさえ「自分の作品に値段をつけるのはむずかしい」と語ります。彼女がマネージする三つの舞台は好評で、彼女は長期にわたり夜も週末も働いていますが、舞台が好きだからこの仕事をしているのであって、彼

「もっと給料がほしいと言うのはなんだか変だ」と感じています。社会調査の仕事をしている女性（36歳）も「給料がよすぎると思いました。『低所得の人たちの生活をどうにかしたいと思って調査の仕事をしているのに、こんなにお金をもらっていいのだろうか』という感覚があった」と語ります。大好きな仕事ならば、社会にとって大切な仕事ならば、自分の時間や貢献をいとわないということです。このように「仕事のすばらしさに比べると、自分の時間や貢献にはあまり価値はない」と思っていれば、自分にふさわしいものは何かを判断できないのはあたりまえかもしれません。

この仕事が好きだから働いていると思い込んでしまうと、給料がもらえるだけで感謝の気持ちがわき起こるようになります。やりたい仕事ができるようになると、採用されただけで感謝してしまい、会社に対して何も言えなくなるのです。そのため、多くの女性は交渉することなく、先方の言う通りの条件を受け入れてしまうようになります。

もちろん、やりたいと思っていた仕事をクビになる危険をおかしてまで、もっと強く要求すべきだと言っているのではありません。ありがたいと思う気持ちがあまりに強いと、何が公平なのかがわからなくなり、自分にふさわしいものは何かという情報を集めることさえしなくなってしまうと言いたいのです。

また、十分生活できる給料をもらっているというだけで、感謝の気持ちがわくこともあります。電力会社の管理職の女性は、同僚よりもかなり給料が少ないことを知っていても、もっと給料を高くしてくれと強く主張したことはないそうです。「もう十分いろいろなものを手に入れているような気がします。そのことにとても感謝しています」と、彼女は語ります。これが、自分の仕事の価値が判断できないもう一つの理由です。女性は自分に必要なものだけに焦点をあててしまうのです。自分の仕事の価値という点ではなく、自分が必要とするものという点から、収入について考えているのです。これはつい最近まで、女性は夫の収入が低かったり、独身だったり、夫と離死別したりというようなとき、つまり、必要なときだけしか、家庭の外で働いていなかったせいかもしれません。

比べる相手が違う

しかし、自分が市場でどのくらいの価値があるのかについて情報を集めようとしても、そのときに比べる相手をまちがえるというミスをおかすことがよくあります。人は自分と誰かをよく比べていますが、その比べる相手は自分と似ている人です。女性は女性、男性は男性。比較相手は同性なのです[66][115]。性別にかかわらず、同じような教育や経験、スキルをもって、同じような仕事についている人と自分を比べているわけではありません[42][66]。しかし、男性が1ドル（約110円）稼ぐあいだに、女性は76セント（約84円）しか稼いでいないのが現実です[294]。つまり、女性は給料の少ない人と自分を比較し、男性は給料の高い人と自分を比較しているということになります。さらに、仕事のネットワーク（人脈）は男女それぞれでつくられていることが多いので（これについては、またあとでふれます）、女性は男性の知り合いが少なく、男性の給料についての情報を得る機会があまりありません。そのため、自分と男性を比べる機会があまりないのです。

大学教授で伝記作家でもある女性（34歳）は、大学にとって自分は貴重な存在だと思っています。実際に、彼女は学生からの評価も高く、執筆した作品は賞も受けています。しかし、その給料は同僚よりも低い額でした。にもかかわらず、彼女は、今以上に要求することがなかなかできないようでした。というのは、彼女が自分の給料を比較する相手は、大学の同僚ではなく、学生時代の女性の友人だったからです。そうした友人には彼女ほど成功した人はいません。

自分の価値を正確に判断し、自分の市場における価値についてきちんとした考えをもつためには、正しい比較のやり方を学ばねばなりません。同じような職業についている男女両方についての情報を求めることが必要です。

自分にふさわしいものがわからない

女性があまり期待せず少ないもので満足するのは、「自分にふさわしいものがわからない」ためというのもあるかもしれません。そのせいで、女性は先方から申し出てくれるのを待とうとします。先ほどの舞台制作マネージャーの女性は、過去何か月かのあいだ、残業を何百時間もこなし、上司がそれに気づいてくれるのを待ったと言います。「上司に自分の努力を認めてもらい、報いてほしかった」と。「自分から言うのはなんだかイヤ。それよりも、上司が自分の仕事に気づいてくれるほうが気分がいいから」。

何も言わなくても誰かから認められると、自分から言い出す気まずさを感じなくてすみます。そして、本当に自分がそれに値するのかわからないという不安な気持ちを、取り除いてもくれます。グラフィック・デザイナーだった女性も、何かがほしいときには「それにふさわしいことがわかってもらえるまで、一生懸命がんばります。自分からは言いません。認めてもらうほうがうれしいから」と語ります。黙っていても認められると、自分の価値を確認できるし、そして、自尊心も高まるようです。

どうも女性にとっては、他者の目が重要のようです。人は誰でもほめられたり認められたりするとうれしいものですが、女性は男性よりも、他人から何か言われると自負心が大きく上下する傾向があることが、いくつかの研究で報告されています[173][231][232][254]。女性の自尊心はよいことを言われると非常に高くなり、否定的なことを言われると急激に下がりますが、男性の場合には、よいことを言われようと悪いことを言われようと、ほとんど影響を受けません[231]。

黙っていても認められる。それはプライドを高めるだけではなく、もらった報酬に自分がふさわしいのだと教えてくれます。言い換えれば、女性は他の人から言われないと、何が自分にふさわしいのかがわからないのかもしれません。このことは「権利意識」という問題ともかかわっています。女性が男性に比べて、低い給料や低い地位に満足するのは「自分にふさわしいものを得る権利がある」という意識が低いためと考えられます。

三つの研究を紹介しましょう。二つは報酬支払いに関するもの、一つは働く時間に関するものです。一つめの「報酬支払い研究その1」では、大学生に大学についての意見をいくつか書いてもらいます。そのときに、半分の大学生には「その課題の報酬に、いくらほしいのかを自分で決めてくれ」と伝え、残りの半分には「ほかの人にいくら払うかを決めてくれ」と伝えました。その結果、女性が自分自身に払うとした金額は、男性が自分自身に払うと決めた額より19％も低かったのです。さらに、女性が他人に支払うと決めた金額は、自分への額よりも高かったのです。しかし、「自分の書いたものを自分で評価してほしい」と言うと、その自己評価に男女差はありませんでした。つまり、女性が自分に支払う金額が低かったのは、自分の仕事がほかの人の仕事よりも劣ると思ったためではないということです。どうやら女性は、自分が仕事をする立場になったときには、自分の仕事にどのくらいの価値があるのかを正確に判断する能力を失ってしまうようです[44]。

「報酬支払い研究その2」では、大学生に新入生の応募書類を渡し、その新入生が大学でうまくやっていけるかを判断するという課題をしてもらいます。そして、「あなたが自分で正当だと思う金額を申告してもらえば、その額を報酬として支払う」と伝えます。その結果、同じ課題をしたにもかかわらず、男性が決めた金額は、女性が決めた金額よりも63％も高かったのです。この研究でも自分の課題についての自己評価に、男女差はみられませんでした[188]。

「働く時間研究」は、絵の中にある小さな点を数えるという作業を、男女参加者に行なってもらい、4ドル（約440円）を支払うというものです。この研究では、参加者に「4ドル分働いたと思うところまで作業をしてほしい」と伝えます。その結果、女性の作業時間は男性よりも22％長く、そして、数えた絵の数も32％多かったのです。実験者にみられることもなく、作業用紙に名前を書かないでもよい状況、つまりプライバシーが高く保証されているときにも、同じような結果がみられました。同じ金額しかもらえないのに、女性のほうが長く、しかも早く働いたのです。しかし、自分の成績についての自己評価という点では、男女の差はありませんでした[188]。

これらの三つの研究から、女性は他人についての判断はきちんとできることがわかります。しかし、自分に関しては「自分のした仕事にふさわしいものを得る権利がある」という意識がもてないようです。

政策プランナーの女性は、あるものがほしくても、それを追い求めるのはあまり気がすすまないと語ります。「何だか自分にはそんな価値がないように思えるんです。私なんかって。で、自分で自分に言い聞かせます。…やめておこうって」。動物病院の受付をしている女性（46歳）も「子どもの頃、何かがほしくなっても、『それはおまえにはもったいない』って、たたき込まれたように思います」と語ります。男性の反応は異なります。そもそも、私たちの「自分にふさわしいものについて、どう思いますか」という質問自体が理解できないようでした。たとえば、起業家の男性は「おもしろい質問ですね。自分にふさわしいものっていう感覚ですか？　そういうのはないですね。これがふさわしい、あれはふさわしくないなんて」。女性が自分にふさわしいものがわからないと感じている横で、男性はそうした疑問さえ思い浮かばないようです。

権利意識が低いことで、何がしかの問題をかかえている女性はたくさんいます。そして、どうやら年代にかかわらず、女性は同じように権利意識が低く[11]、その原因は「自分が今以上のものにふさわしいのかどうかわからない」ということにあるようです。そのため、頭では、「職場でも家庭でも、望みがかなえられたら、今より幸せになるだろう」とは想像できても、実際にそれを求めることができないようです。現状に不満があるわけでもないし、おまけに、自分にふさわしいものがよくわからない。こうして、女性は少ないものに甘んじているのです。

女性をしいたげる――そのコスト

読者の中には、女性が現状に満足しているのならば、それでいいじゃないかと思っている人がいるかもしれません。しかし、筆者たちはそれではいけないと思います。女性は安く働かされ、そして、そのことを知らされないままでいるのです。もし、偶数の日に生まれた人の給料が、奇数の日に生まれた人の給料よりも低かったら、おかしいと思いませんか。社会を構成している人間の半分は女性です。偶数の日に生まれた人と同じように。なぜ社会の半分の人が低い評価を受け、低い賃金を受け取るような状況に耐えねばならないのでしょうか。

このような状況が、知らず知らずのうちに、どのような問題を生んでいるのかを考えていきましょう。まず、社会的なコストからみていきます。その一つは健康の問題です。自分自身をどう考えるかということと心の健康は関係しており、自己評価が肯定的な人は心も健康であることが知られています[282][283]。逆に、否定的な自己評価がストレスと一緒になると、うつ状態になることも報告されています[35]。アメリカでは、うつをかかえる成人の3分の2は女性です[271]。うつはそれだけで問題ですし、ほかの健康問題を引き起こすこともあります。たとえば、自殺。また、うつによって、心臓病、がん、糖尿病、てんかん、骨粗鬆症《こつそしょうしょう》のような病気が悪化するという指摘もあります[172]。医療費の面からも、うつは社会に大きな損失を与えています。さらに、生産性という面からは、アメリカ経済に一年につき500億ドル（約5兆円）の損失が出ていると言われています[172]。

もちろん、女性が自分の要求を口に出すようになり、それが受け入れられるような状況になれば、うつが減り、生産性が向上すると言っているのではありません。しかし、自分を否定的にみてしまうことでさまざまな問題が生じ、そのために、能力を発揮できていない人がいるのです。否定的な自己評価を生む原因がわかれば、必要以上に自分を低くみてしまう傾向を防いだり、緩和したりできるのかもしれません[24]。

また、いろいろな社会保険（社会保障、身体障害保険、失業保険、年金）は、給料と結びついており、女性の給料が安いということは、こうした「いざというときの保障」が偏ったものとなっているということです。65歳以上のアメリカ人女性は同年代の男性に比べて、その2倍くらいの数の人が貧困状態にあると言われます[65]。高齢女性に苦しみを与えるだけではありません。この状況を放っておくと、貧困状態の高齢女性をサポートするために社会が負う経済的コストは、さらに膨大なものになっていくことでしょう。

さらに、社会的コストにかかわるものに「自分に対する不利益の否認」という現象があります。これは、自分の属するグループや関係する人が不当な扱いを受けるのをみても、自分は関係ないと思う傾向のことを言います[67]。たとえば、他の女性が低賃金で働かされているのをみても、「私は大丈夫、差別されていない」と思う女性がいるというように。これは残念なことです。というのは、まず、この女性個人のレベルとして、自分のおかれた状況の現実がわからず、自分は差別されていないと思い込んでしまい、差別と戦おうとしないからです。結局のところ、この「私は差別されていない」と思っている女性も、その賃金は低いままでしょう。また、社会のレベルで考えると、その女性が自分は大丈夫だと誤解して一生懸命働けば働くほど、不平等を増強することになり、社会全体を修正するのに時間がかかるようになってしまいます[68]。低賃金に疑問をもたずに働く女性が大勢いれば、社会はそのまま変わりません。

女性に対する評価や賃金が低いままだと、市場にもコストがかかります。1章で述べたように、二〇〇〇年にアメリカにある全事業所の40%は女性がオーナーで、その数は910万か所にのぼりますが、投資金の2・3%しか得ていません[237]。その原因として、女性は自分たちの仕事の価値について語りたがらず、積極的に宣伝しないということがあるようです[3]。「しかたがない。それがビジネスというものだから」と思う人もいるかもしれません。しかし、もっと大きなスケールでこの問題を考えてみてください。もし、この国のビジネスの40%が資金不足ならば、大きなリスクが生じることになります。この910万か所の事業所で働く人々、こうした事業所が果たしている地域への貢献、ひいては、国全体の経済が危機にさらされることになるかもしれないのです。

企業で働く女性社員の中には、能力がありながらも女性であるがゆえに、その能力をフルに使えなかったり、そういうチャンスが与えられなかったりする場合もあるかもしれません。能力を低く評価され、採用のときに不利な状況に立たされてしまう女性もいるでしょう。こうしたことが続けば、その企業の発展は抑えられ、生産性も伸びないままでしょう。社会全体としても、貴重な「人的資源」を失うことになります。

　さらに、社員が仕事をするうえで必要なものを経営者が知らないとしたら、その企業は損害を被るでしょう。よい経営者とは、社員を幸せにし、そして、生産性を高めるものだと主張する経営学者もいます[◆216]。社員が自分の望むものを上司や経営者に伝えなければ、ビジネスはうまくいきません。実際に、筆者たちがインタビューした企業トップの人たちは、働く人々が何を求めているのかを伝えてくれれば、どうしたら従業員の生活を居心地のよいものにできるのか、どうしたらよい仕事をしてもらえるようになるのかがわかると語っています。女性は低い見込みと低い権利意識のせいで、自分の状況を改善するにはどうしたらよいのかがわからず、また、それを求めることができなくなっています。しかし、それは女性だけの問題ではなく、その女性のまわりにいる上司、同僚、友人、パートナーも損害を受けているということなのです。

　自分の努力や貢献に対してそれ相応の報酬がなければ、人は高い目標をもつのをやめます。それは人間として当然のことです[89]。女性も男性と同じように、他の人から自分の貢献がたたえられ、自分のアイディアを聞いてもらい、仕事が認めてもらえると、より高いレベルの成果を出すようになるのです[89]。

経営者も、優秀な従業員が別の会社に引きぬかれていくようなことは望んでいないでしょう。しかし、転職する人は何も言わずに辞めることが多く、経営者にしてみれば何が不満だったのかわからないままなのかもしれません。しかし、そうなった責任は経営者にもあります。経営者は、女性が昇進や昇給をあまり求めないという現状を知っておかねばなりません。もし、不平等な賃金を正そうとしないのならば、その事実が明らかになったときには訴訟が起きるかもしれません。また、やる気を失った有能な女性が退職するというリスクも出てきます。離職は、毎年何百万ドルもの損失を企業に与えています。もし、経営者が、従業員が求めているものをうまくみつけることができ、そして、従業員も気軽に要求を伝えることができるようになれば、離職の多くは避けられるはずです。

罠から逃げる——望みを高く

「低い見込み」という罠から逃げるには、どうしたらよいでしょうか。ある研究で、権利意識における男女差がなくなる状況が明らかにされました。これは、女性が自分を低く評価してしまう傾向を克服する方法につながるものです。63ページで紹介した、学生に新入生の将来を予測するという課題をさせて、その仕事の報酬を決めてもらうという研究では、いろいろな条件がつくられ、おもしろい結果が得られています。条件の一つは、これまで研究に参加した学生が自分に支払った報酬を記した一覧表を、参加学生の机の上に置くというものです。このリストは実は偽物ですが、そこには8名（男女それぞれ4名ずつ）の名前と金額が書き込んでありました。金額の平均は男女でほぼ同じになるようにしてあります。このリストをみた参加者が求めた報酬の金額は、男女でほぼ同じであり、リストの平均値くらいの額でした。さらに、この研究にはそのほか二つの条件がありました。そのうちの一つは、偽リストに載っていた金額が男性のほうが高く、もう一つは、女性のほうが高いというものでした。この二つの条件でも、リストをみた参加者の求めた報酬の金額に、男女差はみられませんでした[188]。同じ結果が八年後（一九九二年）に行なわれた研究でも得られています。つまり、男女がある仕事に対する報酬の相場について同じ情報を受け取ると、男女差はなくなるということです[42]。

これらの研究から言えるのは、適切な比較情報によって、女性は自分のスキルや時間に対する市場の価値がわかるようになり、自分の価値を低く見積もる傾向を覆《くつがえ》せるだろうということです。しかし、現実社会で給料の額についての情報が、広く入手可能というような状況はめったにありません。そのため、権利意識の低い女性が不当な扱いを受けやすくなるのです。

こうした情報をみつけだすにはどうしたらよいでしょうか。まず、最初のステップはネットワーク（人脈）をつくり、自分と同じ立場の人がどのくらい稼いでいるのか、その肩書きや職階、配属、仕事量、出張回数、ボーナス、休暇、福利厚生などについての情報をできるだけたくさん手に入れることです。この種の情報集めで重要なのは、男女両方から情報を得るようにすることです。第二のステップは、ある職業の給料範囲をまとめている外部の情報源から情報を集めることです。たとえば、インターネットのサイト、業界誌、大学の就職部などが考えられます。

最後に、ひとりの女性の例を紹介しましょう。彼女（52歳）はリハビリテーション・カウンセラーとして、ある病院で十二年間、契約職員として働いていました。勤務時間は長かったのですが、正規のスタッフではなく、賃金は時給計算であり、額も低いものでした。29年の経験にもかかわらず、時給はたった16・37ドル（約1千800円）だったのです。病院がようやく彼女をフルタイムで採用したいと言ったとき、彼女は、もっとよい給料を要求してよいのか、あるいは、正規職員という保証に感謝するだけのほうがよいのか、わかりませんでした。絶対に昇給を要求しなければいけないと言う友人もいましたが、不安を感じていました。その友人のひとりが私（筆者：リンダ）の同僚ということもあり、あるとき彼女は私のところにアドバイスを求めに来たのです。私は彼女に、今の時給がとても低いこと、フルタイムの給料はパートタイムよりずいぶんよいはずだということを伝えました。そして、同じような仕事をしているほかの人（男女両方）の給料を調べてみるよう助言しました。それを受けて、いろいろと調べた彼女は、時給が20〜25ドル（約2千200〜2千750円）の範囲だということを知りました。友人や私の励ましを受けて、彼女はこのデータを手に、時給23ドル（約2千530円、41％の昇給）を要求し、それを得たのです。このエピソードは、自分自身の低い権利意識に疑問をもち、自分にふさわしい目標を探し、それを求めるための必要なサポートを得たとき、女性が自分自身のために、どのくらいのものを得られるようになるのかを示してくれます。

3章

問題3　人間関係を大切にしすぎていませんか？

2章では、女性は権利意識が低いために、今以上のものを求められなくなってしまっているということをお話しました。では、なぜ女性は権利意識が低くなってしまったのでしょうか。なぜ、自分にはもっとふさわしいものがあると思えないのでしょうか。「労働条件を改善してほしい」「もっとおもしろい仕事がしたい」「もっと家事を手伝ってほしい」と言えないのは、なぜなのでしょうか。手がかりは、子ども時代に受けたしつけです。社会学や心理学の研究を参考に、子どもたちがどのようにして「女の子らしく」「男の子らしく」なるのかをみていきましょう。

他人を大切に——社会からのメッセージ

「行動や特性が男女で違うのはあたりまえ」と人々は思っているようです[81][130]。男性は、自己主張し、支配的で、決断力があり、意欲的で、自己中心的。女性は、あたたかく、表現豊かで、世話好きで、感情的で、親しみやすい。人々はそう思い込んでいます[76][82]。こうした思い込みは「ジェンダー・ステレオタイプ」と呼ばれ、人々の認識を支配していることがさまざまな研究で示されています[130]。他人の性別はみただけでわかることが多いため、人々は、誰かに会ったとたん、相手の性別にもとづいて「こんな人だな」「あんな性格だな」といろいろなことを考えます。そのときに利用されているのが、みなさんの頭の中にあるジェンダー・ステレオタイプなのです。

また、私たちは男女の役割について「男性はこのように行動するもの」「女性はこのように行動するもの」という期待や見込みをもっています。たとえば、「女性は共同的」な傾向をもつ、つまり、自分自身の要求にはあまり関心がなく、他人の幸せを中心に考えるものだと思われています。これに対し、「男性は作動的」とみなされています。この「作動的」という言葉は聞き慣れないと思いますが、自分の目標や関心を中心に考え、他人の要求とは関係なく行動する傾向を意味します[12][81]。ふだんの言葉を使えば、「女性は他者中心的」「男性は自己中心的」と言ってもよいでしょう。

「他人の要求を第一に考えなさい」というプレッシャーは、女性の生活にさまざまな影響を与えています。2章でも紹介した舞台制作マネージャーの女性は、自分の他者志向的な考えを次のように述べています。「もし、自分だけのために何かがほしいと思ったら、『ほかの人に迷惑をかけないだろうか』と思ってしまいます。だから、私が要求するものはグループの求めるものばかりです。いつも、あまり自分のことを気にかけませんね。人生の目標は、すべての人を幸せにすることだと思います」。

ほかにも、自分の子どもや顧客、部下のためなら、どんなことでも口にだして要求できるけれど、「自分のことになると、口にするのがとてもむずかしい」と言う女性もいます。たとえ、仕事の面でどんなに成功していても。他人のため、つまり女性にふさわしいとされる「共同的な役割」を果たすときには、果敢なこともできるのですが、自分のためとなると、立ち止まってしまうようです。

もちろん、完全に他者中心的な人も、完全に自己中心的な人もいません。誰でも、この両方をいくぶんかずつもっています。問題なのは、女性は他者の要求を第一に考えるよう期待され、男性は自分の要求や目標を第一に考えるよう期待されているということです。つまり、ジェンダー役割が、

「男性はこうあるべき、こうするべき」「女性はこうあるべき、こうするべき」という規範になっているのです。そのため、あまり野心をもっていない男性は、「弱虫」「負け犬」と呼ばれることもあります。自己主張する女性や野心のある女性は、「女性は他人の要求に注意をはらい、無欲で、共同的でなければならない」という社会の期待と衝突することになります[77]。

さらに、ジェンダー役割についての考えは、多くの人に共通したものです。たとえば、2章で紹介した「報酬支払い研究その2」(63ページ)で、女性よりも男性のほうが自分自身にたくさんお金を支払うだろうと、人々(男女とも)は予想していたのです。「働く時間研究」(63ページ)では、人々(男女とも)は、男性よりも女性のほうが、同じ金額で長く働くだろうと予想しました。こうした研究から、男女とも「女性の権利意識は低い。そのため、女性は自分の仕事に対して少ない報酬を見込む。そして、その少ない報酬のためにがんばって働こうとする」とみなしていることがわかります[188]。

こうした状況を背景に、女性雑誌は「女性には幸せや自信、成功を手に入れる権利がある」と強調し、売り上げを伸ばしています。たとえば、アメリカで出版されている女性雑誌『O《オウ》』の見出しには、「自尊心…手に入れるためのOガイド」「夢は大きく」「成功…それを決めるのは自分」のようなものがあります。こうしたものが売れるのは、女性が権利意識や自尊心の問題で悩んでいるからでしょう。

また、性的満足のような身体的なものでも、同じような問題があると言われます。女性雑誌の定番記事に、女性がオーガズムに達する回数についてのレポートがあります。しかし、男性についてのレポートはほとんどありません。つまり、男性はたいてい欲求が満足されているということであり、それは、性的な充足が男性にとって重要だとみんなが思っているからでしょう。逆に、女性は自分の欲求をあまり満たしていないのがあたりまえ、とされているのかもしれません。女性は恋愛関係でも期待された役割をこなそうとし、パートナーの要求を第一に考え、一方、男性は恋愛においても自分の欲求を第一に考えているのでしょう。

男性は自尊心や権利意識の問題であまり悩むことがないのか、あるいは、悩んでいても、悩んでいると言えないだけなのかわかりませんが、とにかく、男性雑誌は男性の自尊心を高めるような記事を売りものにすることはないでしょう。男性は女性ほど権利意識の悩みに縛られていないのが明らかです。

ジェンダーの規範はどこから生まれたの？

「男女の行動が違うのは、生まれつき。自然なこと」と思っている人が多いのですが、では、こうした考えはどこから生まれたのでしょうか。学者は、人類が誕生して、社会が発展しはじめた時期に、生物学的な要因によって女性と男性に違う役割がふり分けられるようになったと考えています。出産と育児という能力によって、女性は家庭の領域で優位に立ち、男性はその身体的強さによって仕事の面で優位に立ちました。こうして、何千年にもわたり、女性が育児と家事に励むかたわらで、男性は木を切り、家をつくり、食べ物を探し、家族を守り、時には戦場におもむいてきたのです[5]。科学技術の進展により生物学的なものがあまり意味をなさなくなると、伝統文化というものがはびこるようになり、女性と男性は、これまで果たしてきた伝統的な役割を演じ続けるようになったのです。長いあいだ続いてきた役割分担に慣れてしまったために、それが正しいもの、適切なもののように思えたのでしょう。そして、女性は家庭の役割のほとんどを担い、男性は稼ぐ人という役割を担うようになってしまったのです[76][81]。

仕事の面でも、男女は伝統的なジェンダー役割を担っています。アメリカでは、二〇〇一年になっても、保育職の98%、小学校教師の82%、看護職の91%、秘書の99%、ソーシャルワーカーの70%は女性です[294]。そして、大企業500社の会社役員の87・5%、エンジニアの90%、建設作業員の98%、財務管理者の70%は、男性です[e]。このように、「女性の仕事」「男性の仕事」という古い考え方が、いまだに存在しています。

それは、ジェンダー・ステレオタイプにあるような男女の特性が、それぞれの仕事でうまくやっていくのに必要だということなのかもしれません。それを確認した研究があります。一九九九年に行なわれたその研究は、いろいろな職業で成功するには、どのような特徴が必要かを大学生にたずねたものです。その結果、男性が圧倒的に多数を占めている職業で成功するには、男性的な身体特性（運動ができる、背が高い）や、男性的なパーソナリティ特性（競争的、勇敢）が必要だと考えられており、女性が圧倒的に多数を占めている職業で成功するには、女性的な身体特性（かわいい、柔らかい声）や、女性的なパーソナリティ特性（世話好き、人の支えになる）が重要だと考えられていました[55]。

最近では、「男性の仕事」と言われる職業につく女性も増えてきたので、「女性の仕事／男性の仕事」という分け方は過去のものと思う人もいるかもしれません。しかし、前述のいろいろな職業における男女の割合は二〇〇一年のデータですし、紹介した研究は一九九九年に行なわれたものです。また、一九九〇年代に行なわれたある研究によると、人数の面で男女平等になるには、77％の女性が職業を変える必要があるとのことです[288]。こうしたことから考えると、男女が違う仕事をしていれば、それはこれからも「男女がすべき仕事」を伝え続けることになるでしょう。

ほかの面からこの問題を考えてみましょう。人々はこれまでずっと、性別にもとづいて仕事がわりあてられてきました。それは、わりあてられた仕事をこなすのに必要な特性やスキルをもつよう、人々にプレッシャーをかけているということも意味します。女性にある種の仕事をさせると、その仕事に必要なスキルを身につけるようになることが報告されています[81]。同じことが男性にも起こっているはずです。男性的な特性やスキルばかりが必要とされる仕事をわりあてられ、女性的な特性やスキルを使う機会がなければ、その人は男性的な特性やスキルを身につけるようになるでしょう。つまり、男性は男性的特性やスキルがあるから、その仕事をしているのではなく、その仕事をしているから、男性的特性やスキルを身につけたのかもしれないということです。

さて、ジェンダーについての意識が高まっている現代でも、なぜ依然としてこうした状況なのかと、不思議に思えるかもしれません。物質的に恵まれ、昔ならば夢にも思えないほどのチャンスを与えられている女の子が、なぜ母親や祖母と同じようになってしまうのでしょうか。権利意識はいまだに低いままです。筆者たちの研究では、35歳以下の男女にみられる権利意識の男女格差は、それより上の世代とあまり変わらないものでした[11]。若い女性も、年配の女性と同じように、自分にふさわしいものがわからず、今以上のものを求めるのに抵抗を感じているようなのです。

こうした背景には、二つの大きな社会的要因がかかわっています。一つは子どもの社会化であり、もう一つは大人によるジェンダー役割の維持です。

社会にふさわしい人間になる——そのしくみと罠

人が、その社会にふさわしい考え方や行動を身につけていくことを「社会化」と呼びます[57][184][185][186][256]。そして、男女それぞれにふさわしいとされるものを身につけていくのも社会化です。

まわりの人間は、小さな子どもに対して、その性別にもとづいて多少異なるように扱います。自分自身が見本となったり、子どもをほめたり叱ったりすることによって、その社会で男女にふさわしいとされている行動や態度を教え、男女にふさわしくない態度や行動を抑えるようにプレッシャーをかけます。こうした社会化の結果、女の子と男の子は、いくぶん異なった性格やスキルをもつようになり、違う活動を好むようになります[184]。

筆者たちは、インタビューの中で、社会化のプレッシャーと女性の権利意識にまつわる物語をたくさん聞きました。ファイナンシャル・コンサルタントだった女性（65歳）は、「とても小さい頃から、何かをほしがるというのは物乞いみたいなもので、女の子はそんなことをするものじゃないと教わってきました」と言います。そのため、彼女は長い職業生活の中で、一度も昇給を求めたことがなかったそうです。そして、自分のほしいものについて考えるのをやめてしまったと言います。そのため、失望することもなかったのですが、同時に、自分の仕事の価値について判断する能力もなくしてしまったようです。自分の権利についての意識がほとんど抑圧されてしまったのです。

動物病院の受付の女性も「子どもの頃、『女の子は他人を思いやらなくてはいけない』とずっと言われました。礼儀正しく、親切で、思いやりがあって、よく気がつくようにと」。そして、彼女は「今、その刷り込まれた習慣と戦っている」と語ります。建築家の女性も、同じように「今までずっと言われ続けてきました…何かをもっていたら、それをほかの人に惜しみなく与えなさいって」。しかし、男性看護師は「男として、権利意識をもつように育てられたし、ほしいものは手に入れるべきだと教えられました」と語ります。

手に入れたほうがよいと男性が教わったものの一つが、金銭です。ジャーナリストの女性（50歳）は、子どもの頃、兄弟が株券をもらい、自分はドレスをもらったことを覚えていると言います。これは、男の子にはお金の世界が自分の居場所だと教え、女の子には自分とは関係のないことだと教えるものでしょう。「お金が自分たちのものではない」というメッセージは、あらゆるところから女の子や女性に伝えられます。家庭でも、学校でも。

このメッセージはメディアでも流れています。たとえば、一九九九年に、アメリカの三大テレビ・ネットワークのビジネス・経済番組で、専門家として登場した女性の割合は、平均してたった18％（その三大テレビの一つCBSが金融専門家として女性を登場させたのは、ほんの11％）、ビジネス・経済ニュースを配信した記者の中で、女性はたった31％でした。活字メディアも同様です。同じ年、『タイム』誌では、ビジネス・経済ニュースを書いたライターの中で、女性はたった11％、『ニューズウィーク』誌の金融関係の記事で、引用された情報源の男女比は7対1でした。『ビジネスウィーク』誌の金融記事で、著名な個人として取り上げられた92％は男性でした[167]。金融関係の仕事に興味をもっていない子どもでも、お金に関することは男性の仕事だという強力なメッセージから逃れることはできません。こうして、女の子が大人になったとき、自分がお金をたくさんもうける人たちの世界にいるとは思えないようになり、もらっている以上にほしいと求める権利がないと感じるようになるのでしょう。

女の子は自分に何ができるのかについても、大衆文化から学んでいます。何年か前、子ども向け教育テレビ番組の制作会社が、就学前の子ども向けに『ドラゴン物語』というアニメをつくりました。

この番組はドラゴンの幼い男の子と女の子の冒険物語で、この2匹はドラゴンランドというファンタジー世界をよく訪れ、ドラゴン仲間と楽しく遊びます。そして、テレビをみている子どもたちが、友だちと一緒に作業をしたり、遊んだり、何かを分かちあったり、問題を解決したりというのを学ぶしくみになっています。ここで一つのエピソードを紹介しましょう。女の子のドラゴンのエミーはドラゴンランドについたとたん、友だちがみんなドラゴン・スカウトのメンバーになっているのを知ります。エミーもスカウトに入りたいと思うのですが、彼女は「入ってもいい？」とたずねません。その理由はなぜなのか、番組では説明されませんでしたが。そして、友だちがスカウトの仕事をしているあいだ、エミーはそばにいて、いろいろと手助けをします。「仲間になりたい」とけっして言わずに。ようやく番組の終盤に、友だちはエミーをスカウトに入るように誘います。つまり、エミーのやり方がうまくいったというわけです。幼い女の子に伝わるメッセージは、はっきりしています。「ほしくても自分から言うのではなく、遠慮がちにして待つのが女の子にふさわしい方法で、直接ほしいと言うよりもすぐれている」。

子ども向けの本や映画からも、メッセージが伝わってきます。子どもたちに愛され続けている『かもさんおとおり』は、カモのマラード夫妻についてのお話です。夫妻は、ボストンの川に巣をつくる場所をみつけ、卵を産み、季節を過ごします。卵がふ化すると、ミスター・マラードは川を探検しようと思いたち、ミセス・マラードを残し、一週間ほど留守にします。夫がいないあいだ、ミセス・マラードはヒナに泳ぎ方やえさの取り方、一列で歩く方法を教えるのです。このような物語から、子どもたちは「男性は自由に自分の興味や欲するものを追い求めてもよいが、女性は他者を世話するという責任を果たさねばならない」ということを学ぶでしょう。

最近のものでは、『トイ・ストーリー』があげられます。これは想像の世界の話で、ほとんど暴力シーンもなく、主人公の親の死から物語が始まるということもないので、子どもたちの親から歓迎されている映画です。一作目も二作目も、迷子のおもちゃを救いだす冒険物語ですが、いずれも男のおもちゃが救出作戦にかかわり、女のおもちゃは待っているだけです。そして、彼女たちの行動は、ジェンダー役割の規範に一致したものになっています。第一作目で、ボー・ピープ（女性）は、ウッディ（男性）が嫉妬から、新しいおもちゃのバズ・ライトイヤーをわざと窓から投げ飛ばしたあとでも、彼に忠実でした。二作目では、ウッディがおもちゃ収集家に盗まれたあと、それを助けに行くミスター・ポテトヘッドのために、ミセス・ポテトヘッドは食事や安全に気を配って荷づくりをします。メッセージは明らかです。「男性は積極的に危険をおかすもの、女性は補助的で他者志向の役割を担うもの」。二作目には、元気なジェシーという人形がカウガールとして登場しますが、彼女もまた最後には男のおもちゃに助けられます。

最近のアメリカの子ども向けテレビ番組には、たくましい女性キャラクターが登場するようになってきました。しかし、土曜日の朝の子ども向け番組には、123のキャラクターが登場しますが、女性キャラクターはそのうちの23%しかいないし、主な登場人物として数えられる女性は、たった18%だけという報告があります[104]。これは、女の子に「女性は人生というドラマでの主要な登場人物ではない。世界の中心でいろいろなことをするのは男の子だ」ということを伝えています。女の子は見物人か脇役なのです。こうしたものが「前に進め、ほしいものは自分でつかみ取れ」と女の子にうながすことはまずないでしょう。むしろ、「見て、待って、来るものを受け入れよ」と教えていると考えられます。

また、コンピュータゲームやビデオゲームには、男の子を対象としてつくられているものがたくさんあります。そして、競争心や攻撃性、他者を犠牲にしての自己利益のような「作動的スキル」を高めることで、男の子にふさわしい態度をうながしています[33][54]。ゲームに登場する主要な人物でアクション役は、だいたい男の子です。女の子は数も少なく、登場するときには露出度の高い服を着た脇役ばかりです[104]。こうした役割のふり分けは、男の子はゲームで最高得点をだすようがんばる、つまり、「男の子は成功を求めて戦う」もので、一方「女の子はお飾りで、受け身」という考えを強めることになります。昔からのおもちゃも、同じように性別で分けられています。女児向けのおもちゃは、人形や台所用品（おもちゃのコンロ、ティーセット、皿）で、男児向けのおもちゃは、乗り物（車、汽車、飛行機）や建築セット（ブロック、トラック）。親は子どもがこうした「性別にふさわしいおもちゃ」で遊ぶのをみるのが好きで、しかも、このメッセージをとてもじょうずに子どもに伝えるので、子どもは強制されていないときでも、たいてい自分の性別にふさわしいおもちゃを選ぶようになります[182][272]。そして、女の子はもらったおもちゃから、他人の世話をするのが大切だと学びます。人形の赤ちゃんをお風呂にいれ、服を着せ、友だちにお茶をだし、ご飯をつくり、食事の後片づけをします。男の子は、乗り物のおもちゃから、世界を自由に飛び回れるということを学び、建築のおもちゃでビルや道路などの複雑なものをつくり、自分のまわりの世界をつくることができるということを学びます。このように、おもちゃは女の子に「自分のことよりも、まず他者の要求を第一に考えよ」、男の子に「自分のまわりのことに責任をもて」と教えているのです。

このような社会化によって、ステレオタイプやジェンダー役割についての考えが、非常に幼い時期に、子どもたちの中に根づくようになります。2章で紹介した「報酬支払い研究その1」(62ページ)は成人を対象としたものでしたが、そこでみられた男女の違いは子どもにもみられます。小学校の一年生と四年生、中学一年生、高校一年生を対象にして行なった実験では(小学一年生には、お金のかわりにチョコレートが使われています)、すべての学年で、女の子は男の子よりも、自分への報酬が30%から78%くらい少ないという結果でした。しかし、どのくらい課題ができたかという自己評価には、男女の差はありませんでした[44]。ところで、おもしろいことに、女の子が自分に払う報酬の額は、その子の好きな職業が、どのくらい「男らしい/女らしい」かということと関係があったのです。たとえば、消防士、宇宙飛行士、警察官のように男性の多い職業が好きだという女の子は、秘書、看護師、教師のような女性の多い職業が好きだという女の子よりも、自分にたくさんの報酬を支払っていたのです。このことから、女の子が伝統的な女性役割をどのくらい受け入れているのかが、その子の権利意識に影響を与えていることがうかがわれます。

子どもが受けとるメッセージは、その子の自尊心にも影響すると考えられます。女性の自尊心は男性よりも低いことが報告されています[92][160]。その原因についてはさまざまに語られていますが、生まれつきということではないようです。社会化のせいだと考えている心理学者もいます。男の子は自信をもつように期待されますが、女の子が自信をみせるとジェンダー役割に反するとみなされます[160]。たとえば、何かが得意だと思ったり、うまくできたのだから報酬がもらえると思い込んだり、もっとほしいと求めたりする、言い換えれば、権利意識を強くもち、それを外にあらわすということですが、これは自信のあらわれであり、女の子のジェンダー役割に反することになります。ジェンダー役割に従うことは、社会的には重要です。ここで青年の自尊心についての研究を紹介しましょう。青年期後期（17歳〜19歳のあいだ）に「作動的」つまり自己中心的な自己概念をもっている男の子は、数年後の成人期初期（21歳〜23歳のあいだ）に達したときに、自尊心がかなり高くなることが示されています。そして、女の子の場合、青年期後期に「共同的」つまり他者志向的な自己概念をもっていると、成人期初期に自尊心がかなり高くなります[270]。このことは、ジェンダー役割に従うと、自尊心によい影響があることを意味します。これはおそらく、期待どおりに行動する人は、ほかの人々から好意的な反応を受けるためでしょう。しかし、このことによってジェンダー役割は変わることなく続いていきます。

逆に、ジェンダー役割に逆らうと批判や否定的な反応が多くなるので、自尊心に否定的な結果をもたらすと考えられます。自尊心と権利意識の関係も想像できます。もし、自尊心が低ければ、自分にふさわしいものは何かという考えも同じように抑えつけられるでしょう。そして、今以上のものを求めるのを気まずく感じるようになるでしょう。ジェンダー役割に従っても従わなくても、女性にはあまりよい結果がもたらされないのかもしれません。

子どもや青年だけの話ではありません。大人も自分で気づかないうちに、他人の期待に反応して行動を変えています。自分に期待されるジェンダー規範にあわせて行動しているのです。これが、ジェンダー役割が変わらない原因の一つです[76][81][83]。

期待があなたを変える

期待が強い影響力をもっていることを示した有名な心理学研究があります。小学校の子どもたちに二つのテストを実施しました[238]。その一つは、子どもの一般的な能力をはかるものでしたが、もう一つのテストは、「ハーバード大学学習能力判定テスト」という名前がついており、急速な知的発達が将来起こるかどうかが予測できるものということになっていました[238]。そして、二つのテストを実施したあと、心理学者は「ハーバード大学学習能力判定テストの結果、これから学習能力が急速に伸びることがわかった子どもたち」だと告げ、生徒の名前の書かれたリストを各クラスの担任教師に渡したのです。

一年半後、その心理学者は同じ学校に再びあらわれ、一般的能力テストをもう一度実施しました。その結果を前回実施した一般的能力テストの結果と比べたところ、「これから伸びる」と言われた子どもたちの得点は、ほかの子どもたちよりも高くなっていました。ほかの子どもが平均で8・42ポイント上昇していたのに対して、「これから伸びる」子どもたちは平均で12・22ポイントも上昇していたのです。その違いは50％にもなります。さらに、学校の教師は「これから伸びる」子どもたちに読書力で高い成績をつけ、その子どもたちは「よい子で、知的好奇心にあふれている」と報告したのです。

実は、「ハーバード大学学習能力判定テスト」というのは、偽物のテストで、採点もされませんでした。この研究を行なった心理学者は、そのテストとはまったく関係なく、子どもたちの20％を適当に選び、その子どもたちの名前を教師に渡していたのです。一方、もう一つの一般的な能力をはかるものは本物のテストでした。この本物のテストは二回実施されましたが、その二回のテストで、「これから伸びる」と言われた子どもたちの得点が変化したのです。これは、教師がもった期待が、「これから伸びる」子どもに大きな影響を及ぼしたためと考えられます。教師は、この子どもたちに対して「もっと偉くなる」と期待し、そして子どもたちはその通りになったのです。

教師は「伸びる」生徒に注意をたくさん向け、その子たちががんばったときには熱心にほめ、もっとがんばるようにと励まし、自分は特別だという気持ちにさせたのではないか。そして、こうした行動が子どもたちの自信をつくり、やる気を高め、学力の急激な伸びにつながったのではないかと研究者は考えました[124]。リストに名前のない子どもがよくがんばったときには、教師はあまり気づかなかったのか、特別に励ましたりしなかったのでしょう。その結果、子どもたちの自信をつくったり、やる気を高めたりするチャンスを失ったのだろうと考えられます。

今ではこうした研究は倫理的に許されないでしょうが、この研究が行なわれて以来、多くの研究で、「人は他人が自分に対してもっている期待にあわせて行動する」ということが明らかにされてきました。この期待ははっきりとわかるときもあれば、とらえにくいときもあります[105]。そして、性別にもとづく期待が、たいへん強い影響力をもつことを示した研究もあります[76][81]。

地方裁判所判事の女性（55歳）は、大人が無意識のうちに男女に対する期待を伝えているという例を示してくれました。その地方裁判所には13人の判事がいますが、これまでずっと男性だけでした。そこに3人の女性が判事として赴任してきたのです。その直後のことです。ある会合で、数人の男性判事と2人の女性判事が集まりました。女性も男性も発言し、挙手し、討論しました。最後に、首席判事（男性）が全員の発言を要約したのですが、彼は「ジョンソン判事の発言は…、ハリス判事の発言は…、フィービーの発言は…、エレインの発言は…」のように、男性を肩書きつきで呼び、女性をファーストネームで呼んだのです。女性判事は言います。「私たちをばかにしたのではないと思います。でも、彼が私たちを男性とは違うように考えているというのは明らかで、それが伝わってきました」。首席判事は、男性は積極的で、支配的で、決断力があり、意欲的なので、判事という権力ある肩書きを使うに値すると考えており、それがうっかりとでてしまったということでしょう。そしておそらく、女性はあたたかく、表情豊かで、世話好きで、感情的で、親しみやすいとみなしているために、親しみやすいファーストネームで呼ぶのにふさわしいと考えていたのでしょう。

また、この女性判事は、他人の考えが自分の行動によく影響を与えてきたと語ります。「期待されるものはいろいろあります。女性だというだけで期待されるものもあるし。社会から押しつけられた役割もあるし。でも、その内容は時とともに変わったし、年齢でも違っていました。私という人間に何を期待するかでも違いました。少しなら拒絶することもできますが、それ以上は無理ですね。もし、この世界で成功するつもりなら」。

他人の期待の影響を受けまいとして、ステレオタイプを無視したり、他人からの期待を拒絶したりするだけでは問題は解決しません。たとえば，女性はリーダーにはむかないと信じ込んでいる男性がいたとしましょう。彼はリーダーシップをとる立場にある女性に出会うたびに，疑念や不信を表にだすかもしれません。じろりとにらんだり，あからさまに反抗したりと，いろいろやるでしょう。いずれにしても，彼の考えは彼女に伝わり，彼女の自信をゆるがすことになります。彼女は自分がよいリーダーだと思われていないことを知り，どうしてよいかわからなくなり，部下に与える指示が揺れ動き，自分の決定に疑問をもちはじめ，そして，リーダーとしての能力を失ってしまうかもしれません。

しかし，もし彼女が彼に影響されることなく，リーダーとしての能力を十分に発揮したとしても，彼と敵対することになり，不快な結果を招くことになるかもしれません（これについては，4章で詳しく取り上げます）。また，心理学の研究では，人は自分の信念と一致しない証拠に出会うと，その証拠を無視しがちだということが報告されています[45][105][212]。女性はリーダーにむかないと思っている男性が，リーダーとして立派にやっている女性をみると，それを完全に無視してしまうかもしれません。同じように，女性は自己主張しないと思っていると，自己主張する女性を無視したり批判したりすることにつながるかもしれません。

ステレオタイプは記憶にも影響します。女性はリーダーシップがとれないと思い込んでいると，女性リーダーの悲惨な例ばかりを思い出し，たいへんうまいリーダーシップを発揮していた女性のことを忘れてしまうということもあります。また，実際には起こっていないのに，ステレオタイプに一致したできごとを思い出すこともあります。記憶研究者は，人は自分の信念に一致するような記憶をつくりだすことがよくあると報告しています[105]。さらに、女性はリーダーシップがとれないと思っていると、女性をリーダーの役割につけるのをいやがり、そのため、その信念と一致しない女性をみることもないでしょうし、また、女性がリーダーシップを発揮するチャンスもないままでしょう。こうした過程によって、自分の信念を疑ったり、信念を変えたりするチャンスがなくなるのです。

こうしてみてくると、ジェンダー役割についての人々の考えがすぐに変わることはない、というのがわかると思います。過去三十年のあいだ、働く女性の割合はずいぶんと増えましたが、「他者中心的な女性、自己中心的な男性」という考え方は、ほとんど変わっていません[301]。二〇〇一年に、ある交渉学者が、男性と女性のどちらが交渉で有利かというエッセイを学生に書かせました。多くの学生がそのエッセイの中で、ジェンダー・ステレオタイプと一致するようなことを書いたのです。つまり、男性は積極的で、たくましく、妥協せず強く立ち向かうことができる。女性は感情的で、人間関係を重視し、協調的だと書いたのです[166]。現代の若い人も、女性と男性の行動について、親や祖父母とほとんど同じような信念をもっているようです。こうした信念を変えるためには、まず女性に自分の要求を主張することを学んでもらい、人々にそうした女性を受け入れるようになってもらうことが必要でしょう。

なぜノーと言わないの？――規範に抵抗しない女性

ジェンダー役割やステレオタイプは、女性の物質的利益や経済的利益にほとんど結びつきません。それなのになぜ、女性は抵抗しないのでしょうか。それはおそらく、子どもの頃、社会化によって女性の役割を徹底的にたたき込まれてしまったため、大人になったときには、女性らしさは自分の内側から自然ににじみでてくると信じるようになっているからだと考えられます。親やまわりからのはたらきかけによって学習して身につけたとは、想像できなくなっているのです[149]。また、こうした行動が魅力的で価値あるものだとも思い込んでいるのでしょう。もちろんその通りなのですが、リーダーシップを発揮したり、自己主張したりというような男の子が学ぶ行動にも、価値あるものがたくさんあります。

先ほど紹介した女性判事は、自分の行動や意識がジェンダー・ステレオタイプの影響を受けていることに気づいていましたが、これはふつうではありえないことです。多くの女性は、自分が社会からの期待に影響を受けていることに気づいていません。女性は「自分がしいたげられているグループの中にいる」ということにあまり気づいていないために、それ（自分がしいたげられているということ）を当然とするような信念をもっています。さらに、社会化によって、男女不平等がうまく刷り込まれているので、女性は現在の不平等や差別のシステムについても、それらが適切で正しいものだと思い込んでしまっています[149]。抑圧されたグループの人たちは、抑圧を内在化してしまい、自分たちを劣った存在だと信じているのです[149]。

たとえば、「女の子は理科ができない」と言われ続けた女の子のことを考えてみてください。彼女はそれを信じて、理科をあまり勉強しなくなるかもしれません。そうすれば、がんばったのに失敗したというような状況には出会わなくてすみます。こうしておけば自我が傷つかなくてすむのです。あるいは、ほかの教科に興味をもつようになり、理科の勉強をしなくなるかもしれません。こうして、彼女は「女の子は理科ができない」という言葉に疑問を感じさせるような証拠にめぐりあわず、そして、やってみれば実は理科が得意だったのかも、という経験をしないまま、人生を送るのです。また、信念と一致しない証拠は、ほとんどの場合、無視されたり過小評価されたりします[239]。自分は理科が得意ではないと信じ込んでいるために、それに一致しない証拠を目の前にしても、考えが変わらないかもしれません。たとえば、理科のテストでよい成績をとっても、それを能力ではなく運がよかったせいだと考えたり、テストが簡単だったからだと思ったりするかもしれません。こうして、伝統的な信念は世代を超えて引き継がれていきます。

私（筆者：リンダ）にはこれと同じような経験がありますが、幸いなことに、そうした信念をうち砕くような状況にめぐりあえました。私は子どもの頃、ほかの女の子と同じように、数学が苦手だと思っていました。親からも教師からも何か言われたということはないし、何かを経験したからということもないのですが…。とにかく、女の子だというだけで、数学が苦手だと思い込んでしまっていたようです。残念ながら、「そうじゃない、やってみたら」と励ましてくれる人もいませんでした。そのまま大学に進み、ダンスをがんばりました。しかし、けがのために踊れなくなり、そして、経済学に興味をもち始めたのです。私の通った大学では、経済学にそれほど数学は必要ではありませんでした。勉強するうち、自分が経済学に向いていると思うようになり、そして、大学院に進んだのですが、大学院の経済学はほとんどすべて数学だと言っていいくらいでした。しかしそこで、私は自分が数学もできるということを知ったのです。つまり、まわりの環境によって自分の思い込みが明らかになるまで、私は数学が得意なのだということに気づかなかったのです。

社会化によってジェンダーを刷り込まれた女性は、自分は劣っていると思っています。たとえば、これまで男性のものとされていた領域に飛び込んでいった女性の多くは、客観的には根拠のない深い不適応感に苦しんでいると言われます[265]。若い頃に賞を獲得したこともあるくらいの非常に優秀な研究者でも、自分の科学的能力が平均よりも上だと考えているのは、男性では70％もいるのに、女性では52％しかいないという報告があります。ほかの研究領域でも、同じような違いがあるようです[265][308]。大学院生を対象にした研究でも、男性とほぼ同じか、男性よりも上の成績をとっていながら、女性は男性ほど自信をもっていないことが示されています[136][308]。女性には無理と思われていた階段を上のほうまでのぼった女性、つまり、女性にはできないと考えられてきた領域で非常に成功した女性は、自分が他人をだましているような気持ち、そして、自分が今の地位にふさわしい人間ではないことがもうすぐばれるのではないかという気持ちを密かにもっているようです。これは、「詐欺師シンドローム」と呼ばれています。

実は、多くの女性がこうした感覚をもっているようです。女性の地位はかつてないくらい高くなりましたが、それにもかかわらず、不安と心細さと不適応感が女性を脅かしているのです。ある女性ジャーナリストは述べています。「卒業論文を書いているときに、『本当は能力がない』ってことがもうすぐばれるのではと思っていました。しかし、先生は『みんなをだましているんじゃないかって感じているのでしょう？　心配しなくてもいいですよ。頭のよい女性はみんな、そんなふうに感じるのです』となぐさめてくれました」[213]。「女性には無理」という人々の考えが正しいのかもしれないと不安になり、そのうち、自分の弱さや無能さがばれるのではないかと恐れるのです。

女性はジェンダーの規範に束縛されても、それに抵抗しません。というのは、そもそも規範の力に気づいていないし、こうした規範が自分の行動に影響をもたらすと思っていないからです。たいていの人は、自分にふりかかってくる不正になかなか気づきません[69]。また、女性全体が差別されるのをみても、自分が不当に扱われていない限り、行動を起こそうとしません。自分には関係ないと思っているのでしょう。実際に、「可能性は自分でつくるものだと信じています。壁はありませんね。もし成功しなかったら、それは自分のせいだと思います」と語る女性弁護士もいます[210]。

確かに、このような自信は成功するために必要でしょう。しかし、その楽観主義的な考えは二つの理由からまちがっています。まず、すでに述べたように、人々はステレオタイプをもっており、この有能な女性のまわりにいる人々も、ステレオタイプを通してその女性の行動を解釈し反応します。多くの場合、そうしていることに気づかずに。この女性の仕事が、たとえ男性と同じくらいのレベルのものであっても、女性だというそれだけの理由で、低く評価される可能性があるのです[130]。なお、この現象については4章で取り上げます。

そして、期待やステレオタイプは本人も気づかないうちに、その人の行動に影響を及ぼしています[7][268][269]。それを示すものに「ステレオタイプの脅威」という研究があります。これは、自分がどこのグループに属しているのかを意識させるだけで、ステレオタイプがはたらき、個人の行動にとても大きな影響が加わるというものです[266]。たとえば、言語能力テストの前に、学生の人種をたずねると、それをたずねなかった場合に比べて、アフリカ系アメリカ人学生の成績が25%も低下したそうです[269]。また、アジア系の学生に、数学のテストの前に人種をたずねると成績がよくなりました。それは、アジア系は数学の能力が高いと思われているからです。そして、ジェンダー・ステレオタイプに関しても、同じような結果が得られています[6][166]。その研究を紹介しましょう。大学生にむずかしい数学のテストを受けてもらいます。そのときに、参加者の一部には、これから行なうテストでは「性差がみられないのがふつうだ」と伝えます。その後、テストを受けてもらったところ、女子大学生と男子大学生は、だいたい同じくらいの成績を取りました。残りの参加者には、「成績はたいてい男女で違う」と伝えます。ただし、男女のどちらが成績がよいかについてはふれません。しかし、おそらく男性のほうが成績がよいと思い込んだのでしょう。女性の成績は半分以下になり、男性の成績はほぼ33%増加するという結果になりました[266]。

なぜこのようなことが生じたのでしょうか。その心理学的な過程については、まだよくわかっていません。しかし、ステレオタイプを意識させると、そのステレオタイプの内容が好ましい場合には、自尊心が高まり、成績がよくなるのだろうと思われます。これに対して、ステレオタイプが否定的なものの場合には、ステレオタイプ通りになるのではないかという懸念がかきたてられるのかもしれません。この懸念は自分でも気づかないくらいのレベルのものですが、それが不安を高めると同時に、頭の中に入り込み、複雑な数学の計算をするのに必要な思考能力を占領してしまい、その結果、成績が下がるのではないかと考えられます[266]。

私（筆者：サラ）の経験をお話ししましょう。28歳のとき出版社を辞め、これから何をしたいのかをしばらく考えようと決めました。そのあいだ、生活費を稼ぐために書店で働きましたが、小さい店だったので、店長とだいたいいつも一緒でした。彼はビジネススクールに通ったことがあり、暗算が速いというのが自慢でした。また、女性は計算が苦手だと信じており、それを平気で口にしていました。書店にあるレジの機械は古かったので、暗算をしなければならないことがよくありました。私自身も計算が得意で、暗算が速く、正確にできると思っていました。前の仕事では、ややこしい契約の細かい部分までみる責任があったし、レストランで友だちと食事をするときに、チップの計算をするのはいつも私でした。しかし、店長のそばで暗算をしなければならないときには、いつも計算をまちがえたり、紙に書いて計算し直したりしていたのです。自分でもおかしいと思いましたし、そんな自分にイライラしたのですが、女性はこんな簡単な計算もできないという店長の強い信念を打ち破ることができませんでした。

「ステレオタイプの脅威」という研究からわかるのは、能力が低いというステレオタイプは、本人がそのステレオタイプを否定したり、ステレオタイプから影響を受けはしないと思ったりしても、その人の行動に影響をもたらすということです。先ほど紹介した研究では、人種や性別を明確にすることで成績が低下しましたが、このステレオタイプの脅威は単に性別がめだつというだけの状況でも生じます。ある研究では、学生を3人グループにして、数学のテストを受けてもらいました。そのときに、3人とも女性のグループと、女性ひとり男性ふたりというグループをつくりました。

その成績を比べたところ、女性ひとりのグループの女性（男性ふたりと一緒にテストを受けた女性）の成績は、同性3人のグループの女性より、21％も低かったのです[143]。「紅一点」のように、大勢の中で個人がめだつようになると、その人の自己意識が高まり、成績に影響がでると考えられます。なお、こうした個人を「トークン」といいますが、男性の多い職場にいる少数の女性は「トークン」であり、そして、その女性がいるからこの職場は男女平等だとみなすのを「トークニズム（形だけの平等主義）」と呼びます。

私（筆者：リンダ）には、この「紅一点」を地でいくような経験があります。ある年、しばらくのあいだ、大学院の責任者になってほしいと言われました。そのあいだに、正式にその地位につく人を探すからと。責任者を引き受けてすぐ、学長や理事長、学部長らも出席する重要な会議がありました。その会議で、私は大学院の将来計画について報告することになっていました。その会議の出席者は、私以外の全員が男性です。これまで同僚が女性を差別するのをみたことはなかったし、みんなが私の仕事をちゃんと認めてくれていたのに、私はその会議にいるのが全員男性だというこ

とを意識してしまいました。そして、女性もリーダーがちゃんと果たせるし、会議でもきちんとふるまえるということを示すために、絶対にすばらしい報告をしなければならないと思ってしまったのです。しかしそのため、柄にもなく緊張してしまい、自分の番を待つあいだ、かちかちになってしまいました。自分が女性であるという意識が、仕事に影響してしまったのです。

つまり、たとえジェンダー役割がおかしいとか侮辱的だとかと思っていても、女はこうするべきだという考えがあることを知っているだけで、その人の行動が変わってしまう可能性があるということです。こうしたことに気づいていないならば、それに抵抗しようともしないでしょうし、また、筆者たちのようにどんなことが起こっているのかがわかっていても、抵抗するのはむずかしいのです。ステレオタイプの脅威によって、女性の成績が低下すると、そのことで、女性は能力が低いというステレオタイプを強めることになります。女性は交渉が苦手というステレオタイプにも、同じようなことがあてはまるでしょう。

それでも世の中は変わる

ジェンダーの規範に逆らうのはむずかしいことです。しかし、それでも世の中を変えることはできます。

▽家庭では　親が女の子と男の子への対応や、子どもに伝えているメッセージについて考えることで、何かが変わり始めるでしょう。
▽学校では　教師が女の子と男の子に期待しているものや、意図せず子どもたちに送っているメッセージについて考えることで、変化が生まれるでしょう。
▽企業では　経営者が女性と男性についての自分の信念をふり返り、女性社員への評価や処遇についての意識を高めることで変化が始まるでしょう。

たとえば、序章で紹介したデロイト&トウシュ社ですが、そこで考えられた女性の地位向上に関するプログラムは、ほかの企業にも影響を与えています[f]。また、アクセンチュアという経営コンサルティング・テクノロジーサービス企業も、一九九四年にアメリカで「女性にとって働きやすい職場」構想を立ち上げ、二〇〇〇年には、そのプログラムが世界中の支社に広まっています。それは、女性の仕事を評価し、女性の地位向上をめざそうというものです[26]。このプログラムは、その功績により、カタリスト（企業で働く女性の地位向上を目的に活動する非営利組織）から、賞を受けています。

また、アーンスト・アンド・ヤングという国際的な会計事務所は、世界中に11万人もの従業員をかかえており、一九九七年から二〇〇二年までに女性重役を0％から13％に増やしました。そして、共同経営者に昇進した女性の割合は2倍になりました。企業の雰囲気を女性にやさしいものにしようという努力により、事務所は『ワーキング・マザー』という雑誌の「働く母親のためのベスト100企業」に五年間続けて選ばれ、『フォーチュン』誌の「働くならこの企業ベスト100社」の地位も得て、さらにカタリスト賞も受けています。この会社はデロイト&トウシュ社と同じように、女性のために企業文化を改善したのですが、その結果として働く男性も恩恵を受けるようになりました。二〇〇二年、従業員の約千人に赤ちゃんが生まれ、949人が育児休暇制度を利用しましたが、その約半分は男性だったのです。さらに、フレックスタイムを選択した男女の中には、管理職についている人も含まれており、こうした人も自分のキャリアをそこなうことがありませんでした。

一九八六年に『ワーキング・マザー』誌で「働く母親のためのベスト100企業」が始まってから、アメリカの企業は、女性の地位向上によってもたらされる価値を理解し始め、多くの企業がその賞に応募するようになりました。同誌の編集者は、応募する企業が増えたため、本当に意味のある変革をしているかどうかが賞の基準となり、バーが高くなり続けていると言います。

こうした企業の活動指針の多くは、福利厚生に関連しています。たとえば、保育サービス、融通のきく働き方、介護支援や養子縁組支援プログラムなどです。「家族にやさしい」という方針によって、才能ある従業員、しかも企業がかなり投資している人たちを引きとめることができるようになりました。「何しろ、企業にとって一番コストがかかるのは、離職ですからね」と語るCEO(最高経営責任者)もいます。

「家族にやさしい」という方針は、企業にとってプラスになるだけでなく、女性の地位向上の妨げになるものも取り除くことができます。つまり、家族を世話したいという女性の「共同的な面」を、男性の規範にすることにもなるのです。女性だけに負担をしいていた家事や育児を、男性も担うようになります。こうした企業では、たくさんの男性が制度を利用しています。

しかしながら残念なことに、ほとんどの企業は女性の進出をはばむ壁のことを考えていません。こうした企業は、まず、壁を取り除き、女性がほしいものをほしいと言えるようにし、女性の価値をきちんと認める必要があります。こうした改革は可能ですし、そして、必要でもあるのです。それは、女性がジェンダー役割やステレオタイプの束縛に抵抗しない理由とも関係しています。

なぜ女性はこうしたものに抵抗しないのか。その理由の一つに、期待に反すると罰を受けるということがあります。自分のほしいものをほしいと言うことは、期待に反することです。文化が変わらない限り、ジェンダー規範に反する女性は大きな制裁を受けることになってしまうのです。4章では、このことについてもう少し深く考えてみましょう。

4章

問題4　制裁を恐れていませんか？

一九九〇年代後半、カリフォルニアに「成長とリーダーシップ・センター」という管理職研修の会社ができました。創設者（女性）は「誰かが、タフで有能な女性に自分を抑えることを教えなくては、と思った」と語ります。タフなやり方は男性が使うと効果があっても、女性が使うと、職場の部下や同僚、時には上司さえも震えあがらせてしまうのです[15]。

この会社がつくったプログラムには「ブリーブロード」と呼ばれるものがあり、その目的はタフな女性を「もっとよい人」になるようリフォームすることだそうです[20]。プログラムの参加費は1万8千ドル（約200万円）。この費用のほとんどは、参加した女性が働いている企業の経営者がはらっているということです。みなさんは、ここに女性と男性に対して異なる基準をあてはめるという「二重規範（ダブル・スタンダード）」があることにお気づきでしょうか。この会社の創設者もそのことに気づいていますが[15]。「男性だったら、それほどのことでもないのですが、同じことを女性がやるとなると…」と語ります。創設者の義理の息子であり、そのセンターの重役でもある男性も「男性管理職は少々ひどいやつであってもいい、みたいなところがあります。でも、女性が同じようにすると、とても残酷にみえるのです」と言います。そのため、ブリーブロード・プログラムでは、女性に、もっとゆっくり、やわらかく話すように教えます。意見はためらいがちに、そして、口ごもりながら言う。謙遜したようなユーモアを使う。会議では涙をみせてもよい。弱々しくみえねばならない。人のいやがることを言うときには、前置き（たとえば、謝ったり説明したりする）をうまく使って、ソフトなものにしなければならない。つまり、まず「レディ」になる必要があるということです。しかし、なぜ女性だけがこんな「リフォーム」をされなければならないのでしょうか。おかしな話です。

ここで、なぜ女性のタフな行動が問題とされるのかを考えてみましょう。「成長とリーダーシップ・センター」にやってくる男性は、リーダーシップのとり方、ストレス対処のしかたを学ぶために会社から送り込まれます。これに対して、女性の95％は同僚から怖がられているという理由で、会社から送り込まれてきます。自己主張する女性は、ジェンダー規範に反するということなのでしょう。ある心理学者は「昔、女性が仕事の世界に入るようになった頃、彼女たちは男性を手本にしようとしましたが、これはうまくいきませんでした。男性だったら問題ないことも、女性がやると許されないのです」と語っています[211]。たとえば、他者を指差したり、面とむかって話したり、言い方がきつかったり、あるいは、おどかしたりというような攻撃的で支配的な行動は、女性には許されないのです[36][226][227]。また、しゃべっているときに相手の目をじっとみるのも支配を意味しており、こうした行動も女性には許されません[62]。さらに、自信のあらわれとみなされるものも、女性が使うと許されません[46]。それは否定文や付加疑問、あいまいな表現を使わずに話すというだけのことなのです。付加疑問とは「そう思いませんか?」というような表現を最後につけることで、あいまいな表現とは「これでうまくいくかどうかはわからないけど、やってみるだけの価値はあるのではないかと思います」というような言い方のことです。また、単にほかの人の意見に賛成しないというのも問題にされます。これも男性だと問題ないことなのですが…[47][48]。

女性として問題視されているこうした行動の多くは、いわゆる交渉のときに役に立つものです。しかし、今の社会で、女性がそういう行動をとると危険が伴います。劇団・演劇学校の登録係をしている女性（28歳）は「もし女性が、迫力のある交渉スタイルをとれば、ひどい女だと思われるようになります。…仕事で成功し、交渉がうまくなると、ソフトな女性ではないということで軽蔑されるのです」と語っています。

もちろん、ジェンダー規範は男性をもしばります。たとえば、男性は涙や弱点をみせることができません。しかし、ことがいわゆる「交渉」という事態になると、女性へのしめつけは厳しくなるのです。女性だけが人にどう思われているかを気にしなければならないということではありません。女性がジェンダー規範を破ると人々の期待を裏切ったことになり、そのために、社会的制裁を受けるようになります。この制裁は、「男のようにふるまう女性」への憤慨であったり[53]、その女性のスキルや仕事を低く評価することであったり[130]、憎悪や非難であったり[301]といろいろです。女性はこうした制裁を恐れるため、自分の目標を追い求め、交渉することができなくなります。ブリーブロード・プログラムを受けさせられるというのも、その制裁の一つでしょう。行かなかったらクビだと言われて参加している女性が多いのです。ある心理学者は「女性は、自分の要求をあまり表にださない。それは、得るものよりも失うもののほうが多いということを知っているからだ」と述べています[301]。多くの女性は自分のほしいものをほしいと言うことで、何かを得たとしても、そのために犠牲にしなければならないものに比べたら、あまり価値がないと考えているのです。

この章では、男性と女性にあてはめる基準が違うという「二重規範」に焦点をあてます。そして、なぜ女性が自分の要求を口に出すことで、罰せられると思ってしまうのかを考えてみましょう。そして、どのようにしたら、女性が制裁を受けることなく自分のほしいものを求めて交渉し、それを手に入れることができるのかを考えましょう。そして、社会の変化についても考えます。

「みんなから好かれたい」の罠

ほかの人から好かれるほど、その女性のもつ影響力は強くなります。交渉は結局のところ、他人に影響を与えようとするものですから、うまく交渉するためには、女性は人から好かれなければならないということでしょう。自己主張をするほうがうまく交渉できるはずだ、と思っている人もいるかもしれませんが、自己主張する女性は他人から好かれないのです[63][244]。交渉中にどんなにうまく自分の意見を述べても、もしそのために嫌われるとしたら、交渉相手に影響を与える力を失うことにもなります。しかし、男性の場合には好かれようと嫌われようと、他人に影響を与える力には関係しません。男性が自己主張しようとしまいと、それで好かれたり嫌われたりはしないのです[46][301]。

さらに、女性が自慢すると、同じことを男性がした場合よりも、厳しい制裁を受けます[127][203]。それを示した研究を紹介しましょう。自分のことを自慢した偽りの文章をつくり、それを参加者（大学生）の半数に配ります。残りの学生には自慢していない文章を配ります。そのとき、その文章は男性が書いたものだと伝えられる人と、女性が書いたものだと伝えられる人がいます。その後、学生はその文章を書いた人がどのくらい好ましいかを答えるよう求められます。その結果、男性に対する好感度も自慢によって低くなりますが、しかし、女性の場合にはさらにひどく、42%も低下したのです[203]。

好かれなければというプレッシャーによって、ほしいと言う気持ちが失われます。ファイナンシャル・コンサルタントだった女性は、「女性は人から好かれるのがいちばん大切だ」と、子どもの頃から言われ続けてきたそうです。何かがほしいと言うと嫌われるかもしれないという恐れから、今まで面とむかって交渉したことがなく、こっそりと求めることを学んだといいます。ソーシャルワーカーの女性（39歳）は他人から好かれようとするあまり、「いつでも、誰に対しても、本当にほしいと思うものよりも少なめに要求してしまう」と言います。「何かを要求することで、人間関係をこわしたくないのです。『彼女は注文が多い』と他人から思われているかもしれないと思うと、それだけでつらいのです。みんなの望むような人でありたい…」と。

概して、女性は男性よりも能力が低くみられがちです。男性を相手にがんばっている女性は、このステレオタイプに打ち勝つために、自分のすぐれた力を示す必要があります[48][110]。そのためには「自己宣伝」、つまり、自分の資質や業績について語ることが必要です。自己宣伝によって、ほかの人はその人に能力があるとみなすようになります[147]。しかし、女性が自己宣伝をすると、ある問題が生じます。つまり、女性の場合には、自己宣伝によって自分のすぐれた資質を知ってもらえるかもしれませんが、同時に、あまり好かれない人間になる可能性も高くなるのです。どうしようもないジレンマです。女性は自己宣伝すれば非難され、自己宣伝しなければばかにされるのです[244]。

男性のものとされるやり方、つまり、積極的に自信たっぷりにふるまうというスタイルを女性が使うと、男性から（そして、時には女性からも）、否定的な反応が返ってくることになります[37][46][53]。一方、「女らしいスタイル」の女性は、男性から能力がなく経営にむかないと判断されるので[53]、ビジネスで成功したいと思っていても、夢はかなえられないということになります[267]。いったい、どうすればよいのでしょうか。

彼女のリーダーシップはなぜ嫌われる？

リーダーシップをとる立場にある女性には、同じ立場の男性とは異なった行動が求められます。男性の場合には、独裁的なスタイルであろうと民主的なスタイルであろうと、リーダーとしての働きには違いがないとみなされます。しかし、女性が独裁的スタイルをとると、民主的スタイルをとったときほど好意的に判断されません[85]。残念ながら、女性リーダーは、たとえ男性的スタイルと女性的スタイルの両方をうまくバランスとりながらやっていても、役割期待をはずれると制裁を受ける可能性があります。

ここで興味深い研究を一つ紹介しましょう。参加者（学生）を4人グループにし、月面に墜落した人にとって、9つの品物（救急用品、地図など）がどのくらい重要かを判断して、順番をつけてもらうという研究です。各グループにはあらかじめ訓練を受けた研究協力者（女性か男性かのどちらか）が入っており、この人たちは協力的で快活に主張するリーダーの役割を演じます。作業を行なっているあいだ、リーダー以外の３人の参加者がリーダーのふるまいに対して、どのように表情を変えるかを観察しました。その結果、同じ行動なのに男性がするか女性がするかで、参加者の表情の反応がまったく異なっていたのです。リーダーシップをとっているのが男性の場合、参加者の表情には否定的なものよりも肯定的なもののほうが多くみられたのに、女性がリーダーシップをとっているときには、逆の傾向、つまり、肯定的な反応よりも否定的な反応が多くみられました。また、課題終了後、参加者にリーダーについて評価するよう求めたところ、リーダーシップをとっているのが男性の場合には、能力やスキルや知性が高いとみなされていたのに、女性リーダーは感情的で横暴で傲慢《ごうまん》だとみなされていたのです。リーダーになった男性と女性の行動は、まったく同じだったという事実にもかかわらず。しかし、参加者自身に、リーダーシップをとっていた男女に対して、自分がどんな態度をとっていたのかとたずねると、その回答に違いはありませんでしたし、参加者は、自分は偏見をもっていないと信じ込んでいたのです[40]。

リーダーシップをとる女性がいやがられるのは、リーダーシップ行動と女性にふさわしい行動が相反するためだろうと考えられています。この現象を検討するために、ある心理学者は人々の性格を記述するのによく使われている92個の言葉から指標をつくりました。この指標を使って、一九七〇年代に「成功した経営者」「男性」「女性」のそれぞれにあてはまる特性を回答してもらい、それらがどのような関係になっているのかを検討したのです。その結果、経営者をあらわす言葉と男性をあらわす言葉は、同じ単語（たとえば、積極的、意欲的）がたくさん使われているのに、経営者と女性の両方で使われている言葉は非常に少ないことが示されました[250][251]。また、一九八〇年代に行なわれた研究でも、ほぼ同じ結果が得られていました[220]。

しかし、一九九〇年代半ばから後半になって、この結果が女性回答者のあいだで変化し始めます。女性は男女両方の特性と経営者の特性が似ているとみなし始めたのです。一方、男性は依然として、経営者と女性の特性は似ていないとしたままでした[75][209][288]。一九九八年になっても、男性は高い地位にいる女性に対して、極端に否定的な考え方をもち続けていることが示されています[75]。さらに、ドイツ、イギリス、中国、日本で行なわれた研究でも、同じような結果が得られています[252][253]。

このような研究から、人々のもっている偏見が女性と男性への対応に大きな影響を与えていることがうかがわれます。勤務時間や獲得した顧客数、稼いだ利益のような客観的指標からすると、かなりがんばっている女性でも、「人から好かれていない」「感情的すぎる」「横暴」「傲慢」「影響されやすい」「浅はか」「口論好き」と言われることがあるのです。現代は、CEO（最高経営責任者）が有名になる時代です。CEOは、もはや企業の経営者ではなく、カリスマ性をもったリーダーとしてみなされます[156]。しかし、カリスマというのは個人の特性であり、実は、非常にあいまいなものなのです。そうした個人の特性によって、リーダーシップ役割に適する／適さないを決めるような雰囲気の中で、さらに、そこに女性は経営にはむかないという偏見がまぎれ込むと、女性が自分でリーダーシップをとりたいと言うことはできなくなるでしょう。

また、女性がたとえ男性とまったく同じことをしても、女性の仕事は劣ったものとみなされることがあります。それは、女性は仕事ができないというステレオタイプの影響であり、女性の仕事は単に女性だという理由で低く評価されるためです[130]。そして、女性が昇進できない理由として、あいまいな言い訳がされることがあります。たとえば、「何か、もうひと味、足りない」「まだ無理だというだけです」「もっとチームワークを大切にしなければ」のように。こんなことを言われると、どうも自分は公平に評価されていないのではと思う女性がいるかもしれませんが、評価基準があいまいなので、その証拠を示すことができないのです。そもそも「昇進したい」と言うことがまちがっているのかもしれないと思うようになれば、これ以上、地位向上を追い求めることなどしなくなるでしょう。

さらにトラブルがふりかかる

女性の少ないところで働く女性は、さらにひどい反応を受けることがあります。一九八〇年に行なわれた研究を紹介しましょう。この研究では、ＭＢＡ（経営学修士）をもっている人たちに、ある職に応募する可能性のある人たちを評価するように頼みます。その人たちの中に占める女性の割合が25％に満たないときは、もっと女性の割合が多いときに比べ、女性応募者は低く評価されていました。そして、女性についての否定的なステレオタイプにあてはまるともみなされていたのです[129]。このように女性は、その数が少ないところでは、不当に低く評価される傾向があるようです。

このことは、女性が組織の上部に昇進すればするほど、ステレオタイプ的な反応に出会うようになることを意味します。というのは、たいていの組織では上層部にあまり多くの女性がいないからです。もちろん、例外もあります。高い壁にもめげず、大きな成功を手にした女性や、たいへんめだち、影響力ももっている女性たちです。しかし、こうした女性は本当に例外なのです。

女性が直面するもう一つの問題は、強い権力や高い地位が関係するような仕事は「男性的な仕事」とみなされていることです。１０９ページの研究で紹介したように、そういう仕事と女性の特性はあわないとみなされます[55]。逆に考えると、あまり重要でない仕事をコツコツやっている限りは、よい仕事をするとみなされるということかもしれません。そして、重要な仕事、つまり、「男性的な仕事」をする資格を得たとたん、彼女の仕事は低く評価され始め、「個人的なスタイル」が突然問題になるのです。女性をレディにリフォームしようというブリーブロード・プログラム（１０６ページ）に送り込まれる女性の多くは、高い地位についている人たちです。彼女たちは部長や財務責任者、共同経営者であり、こうした職務はつい最近まで、ほとんど男性によって占められていました。送り込まれた女性たちは、長いあいだ、よい仕事をすると考えられていたはずです。そうでなければ、その地位にまで昇進することはなかったでしょう。しかし、彼女たちの以前の仕事はそれほど重要なものではなかったため、男性的仕事と思われることもなく、こうした仕事を彼女たちがしていても、同僚にそんなに大きな脅威をつきつけることはなかったのです。しかし、いったん彼女たちが組織の中で大きな権力をもつ地位、つまり男性の領分だとみなされている地位に達すると、彼女たちのスタイルが問題になるというわけです。

そのよい例が、コンピュータメーカーのヒューレット・パッカード社のCEOだったカーリー・フィオリーナ氏です。彼女の仕事はCEOになるまで高く評価されていました。しかし、CEOになったとたん、突然、彼女のスタイルが問題にされ始めました。プライベートなトレーナーや美容師を雇っている。ジェット機を新しく購入した。フィットネスの器具を飛行機で運んだ。従業員を横柄に扱ったなどなど。しかし、どれ一つをとっても事実ではなかったのです[170]。さらに、フィオリーナ氏がコンパック社を合併しようと決めたときに生じた株争奪合戦のあいだ、彼女はメディアによって「無慈悲な決定者——高慢なうぬぼれ屋」として扱われました[170]。しかし、その後、あるジャーナリストが彼女を数日間追いかけて得た印象は、「多忙で有能な経営者、おごり高ぶることなく、強い覚悟をもったプリマドンナ」というものでした[170]。そのジャーナリストがそばにいるときには、地がでないように気をつけていたのだろうと疑う人がいるかもしれません。しかし、次のようにも考えられないでしょうか。株争奪合戦は排他的な男性社会のできごとであり、女性がめったに足を踏み入れようとしない世界です。その中で起こった彼女についての醜くゆがんだうわさは、彼女のトークン（紅一点）という立場によって刺激された、否定的なステレオタイプからもたらされたものかもしれないと。

どうやら想像だけではないらしい

自分が女性に対する偏見の犠牲になっているのかもしれないと疑っても、それはめったに証明できるものではありません。しかし、この疑惑が正しいことを示してくれる研究があります。ある経済学者は、フィラデルフィアにある高級レストランのスタッフに、同じくらいの経歴をもつ男女を送り込むという研究を行ないました。その結果、男性に比べると、面接に呼ばれた女性は40％少なく、さらに採用されるのは50％も少なかったのです[208]。もっとすごい研究もあります。それは交響楽団のオーディションを使ったものです。スクリーンを使って、誰が演奏しているのかわからないようにしてオーディションをすると、女性が選考に残る確率が50％増え、さらに、女性が採用される見込みが２５０％も増えたのです。この研究がきっかけとなってオーディション方法が変わり、アメリカのトップ５に入る楽団の女性は、一九七〇年には５％しかいなかったのが、二〇〇〇年には25％に達しました[112]。

また、スポーツ、法律、医薬、ビジネス、大学、エンジニアという六つの分野で、男性のほうが収入が多く、高い地位についていることがみいだされています。こうした男女格差には多くの原因が考えられますが、ジェンダーもその一つと言えるでしょう。男性の占める割合が多い領域では、女性に対して高い水準の仕事が求められます[299]。そのため、本来は自由で公平であるはずのものを女性が手にできずにいるのです。

ある女性団体が出版している『ビジネス・リーダーシップ指標２００２』には、いくつかの統計が掲載されています。たとえば、女性オーナーの企業は、一九九七年から二〇〇一年までのあいだに14％増加。これは全民間企業の2倍の早さです。そして同時期に、女性オーナーの企業の大きさは、平均して一年で約17％の割合で急成長。これに対して、全企業の成長は年に2％です。この二つの数字は、『フォーチュン』誌の選ぶトップ企業500社で女性役員が増加した割合をはるかにしのいでいます。企業の制約がなくなれば、女性は成功するということでしょう[179]。逆に考えると、因習的なビジネス環境には、女性の進出をはばむものがあるということです。

賃金の男女格差もかなりのものです。アメリカでは、一九九四年から一九九八年までのフルタイム労働者の週あたりの賃金は、男性100に対して女性は76でした。アメリカだけではありません。カナダ（男性100に対して女性70）、イギリス（同75）、日本（同64）、オーストラリア（同87）でも同様です。男女の賃金格差がもっとも小さかったのはベルギーでしたが、それでも女性の賃金は男性の90％でした[28]。女性の賃金が男性と同じか、男性よりも高い国はいまだに発見されていません。いろいろなデータや職業を検討しても、得られる答えはいつも同じです。女性の賃金は低い。なぜこうした男女格差があるのか、その理由はわかっていません。わかっているのは、女性の賃金は男性よりも低く、女性は昇進するのが遅く、そして、男性ほど昇給しないということです。

同じ職位についていても、女性だというだけで給料が低いこともあります。IT関連企業のCMGI社で働いていた元CEOの女性は語ります。「何年も、私はCMGI社で唯一の女性CEOでした。しかし、給料は同じ立場の男性の50％しかなかったのです。長いこと気づきませんでしたが…。CEOという肩書きだけだったのです」[128]。

はっきりとわかる制裁もある

これまで述べたような制裁は、はっきりと特定するのがむずかしく、性別のせいだとするのもむずかしいものです。しかし時に、はっきりとわかる制裁もあります。

ある専業主婦の女性（41歳）は、かつて銀行の貸付担当責任者として働いていました。あるとき、その銀行は重要な顧客であるアルミニウム製錬企業に、かなりの金額を貸しつけようとしていました。ほかの銀行も加わり、顧客の奪いあいがくりひろげられました。彼女はそれまでの一年、その製錬企業の社長（50代の男性）と仕事をしていましたが、その一年のあいだ、社長は彼女を見下すように扱い、一緒に仕事をするのはいやだとほのめかすような態度をとっていました。そして、巨額ローンの話が出たとき、ついに社長は「女にはビジネスの話をしない」と言いはなったのです。女にはビジネスの資質がないと大声でどなり、担当を男性にしなければ、銀行との関係を破棄するとまで言いだしました。

彼女は銀行に戻り、上司（30代前半の男性）と、さらにその上の上司（40代前半の男性）にこのことを報告しました。ふたりの上司はともに彼女を支援すると伝え、当の社長と会って問題を収拾しようと答えました。彼女も出席したその後の会合で、その社長は人を罵倒するような大声で、担当を代えろという要求をくり返すだけでした。彼女は「あばずれと言われたかもしれません。覚えていません。あまりにショックで。でも、侮辱されても驚きはしなかったでしょう。まるでスラム街のけんかのようでした」とふり返っています。会合の場で、ふたりの上司はすぐに社長の要求をのみ、彼女を交代させると言ってしまったのです。のちに、彼女に対して、ふたりの上司は自分たちの行動について釈明するのを拒みました。彼女は制裁を受けたのです。重要な顧客を失っただけでなく、上司に抗議もしてもらえず、中傷され屈辱を受けました。単に、社長に対して一緒にビジネスをすることを頼んだだけで…。社長からすれば、重要な仕事、つまり、重要だからこそ男性の仕事と思っていたものを、女性ができると考えただけで耐えられなかったのでしょう。

「男性的な仕事」に進出したために受ける制裁は、ブルーカラーの職でも同じくらい厳しいものです。ブルーカラーの職は長いあいだ、男性によって占められてきました。ある本に、道路工事作業員の職についた女性が、さまざまないやがらせを受けたというエピソードが載っています[◆91]。トラック運転のベテランに訓練してもらうはずだったのに、いいかげんで、めちゃくちゃで、命さえ危険にさらすような指示を受けたり、監督者から制服支給を拒否されたりしました。さらに、女性用トイレにずっと鍵をかけられ、「男の仕事をしたいなら、小便も男みたいにしろ」と言われたり、わいせつな落書きを描かれたりもしたのです。その後、彼女がもっと上の職に応募したときに、経験年数が三年短い男性にその職が与えられました。それについて不満を言った彼女はその仕事につくことができたのですが、職をはずされた男性から逆差別だとして訴えられました。訴訟は最高裁判所まで進み、彼女はそのつど勝訴したのですが、そのあいだにも、同僚によるいやがらせは続いたのです。彼女のような経験は、ブルーカラーの職場ではよくみられるものだといいます[◆91]。

なぜ男性はこんなにひどいことをするのでしょうか。ある経営学者は語ります。「女性の上にはガラスの天井があります。けれど、それは上にいる人にとって床です。女性がその天井をこわすと、床がこわれることになります。そして、床の上にいる男性には、下に落ちてしまうという恐怖が生まれるのです」[234]。そのため、あらゆるかたちの制裁が女性を襲います。強い力を握るようになった女性は、自己主張が激しすぎるとして、ブリーブロード・プログラムに送り込まれ、経営側の地位についた女性は、男性同僚に比べて給料が安く、昇進も遅いのです。また、ブルーカラーの女性は、脅され無視されます。こうして、女性は男性と同じものを手に入れようとする意欲を失っていくのです。

こうした制裁の物語が、筆者たちの行なったインタビューの中でも、数限りなくあらわれてきました。しかし、はっきりとわかるような制裁については、学問の場であまり研究されません。というのは、研究というものはたいてい大学で行なわれており、研究に参加する人たちは自分の偏見を表にださないようにしているからです。だからと言って、こういう人が偏見の影響を受けないというわけではないのですが。

危ない！　危ない！——メッセージはあらゆるところに

たとえ制裁から逃れることができても、女性が成功するのは危険というメッセージは、なかなか無視できません。メッセージはあらゆるところからやってきます。多くの人は、女性の経済的地位が高くなると、男性の「男らしさ」が脅かされると思っているようです。この考え方は、一九八九年のアメリカ世論調査の結果でも支持されています。その調査では、ほとんどの人（男女とも）が、男らしさを「家族をきちんと養えることだ」と考えていました[◆91]。一方、女性に対するジェンダー規範の一つには、「控えめで無欲」というものがあります。その結果、経済的なことに没頭したり、仕事や時間を金銭に換算したりというのは、女性にはふさわしくないと思われるようになったのでしょう[81][301]。

たとえば、「スーパーモデル」という言葉が使われ始めた頃のモデルのひとり、リンダ・エヴェンジェリスタ氏。一九九〇年の夏、彼女はレポーターに告白しました。「一日1万ドル（約110万円）稼げない日には、ベッドから起きる気がしない」と。それ以来、彼女のところには非難の声が殺到するようになったのです。二〇〇一年九月、ある雑誌のインタビューで「まるであの言葉が墓石に刻まれそうな気がします。…謝罪したいと思います。あんなことは言わなければよかったと思っているかって？　ええ、その通りです」と、彼女は答えました。しかし、考えてみてください。彼女の発言は一九九〇年のことです。それは「不動産王」と呼ばれたドナルド・トランプから始まり、株で巨額の富を築き「ジャンク・ボンドの帝王」と呼ばれたマイケル・ミルケンにいたるまで、数多くの男性が、テレビのトーク番組や社交欄や経済ニュースで、自慢話をひけらかした一九八〇年代、つまり、富を増やし、それをみせびらかすことに、国中が夢中になった時代のあとなのです。エヴェンジェリスタ氏の話は「ルールは男女で異なる」ということを教えてくれます。つまり、女性が自分の能力や収入を誇りに思うと、こらしめを受けても仕方ないということです。ひどい話です。

人間関係に配慮するというのも、女性に期待されるジェンダー規範です。二〇〇二年冬季オリンピックでのエピソードは、この規範を破るとどのようなめにあうのかを教えてくれます。ジーン・ラシーン選手は、世界でもトップレベルの女性ボブスレー・ドライバーであり、オリンピックのアメリカ女性ボブスレー・チームの最有力選手でした。ふたり乗りボブスレー選手であり、長いあいだ、パートナーは友人ジェン・ディビッドソン選手でした。なお、メディアでは、ディビッドソン選手は「親友」と呼ばれていました。ふたり乗りボブスレーは、ひとりがドライバーと呼ばれ、前に座り、ハンドルを握ります。もうひとりはブレーカーと呼ばれ、スタート時にそりを押し、最後にそりを止める役を果たします。ブレーカーはかなり力が強くなくてはなりません。オリンピックの二か月前まで、ラシーン選手はドライバー、ディビッドソン選手はブレーカーでした。しかしその後、ラシーンはディビッドソンがほかの選手ほど強くないと感じて、パートナーを替えたのです。これをメディアは、ラシーンはディビッドソンを「捨てた」と報じたのです。オリンピックの直前、新しいパートナーであるギー・ジョンソン選手が膝を痛めたので、ラシーンは再びパートナーを替えようとしました。今度は、ボネッタ・フラワーズという経歴の浅い選手でした。しかし、フラワーズ選手はラシーンの誘いを断り、パートナーであるジル・バッケン選手とともに

にオリンピックに出場し、金メダルを獲得したのです。ラシーンとギー・ジョンソンはよい成績を残すことができず、メダルを獲得できませんでした。

この物語は広く報道され、新聞やテレビのニュース番組で取り上げられました。こうした報道によって、まじめなスポーツの話は、お昼のドラマにでてくる女性のくだらないけんかというレベルにまで落ちてしまったのです。もちろん、パートナーを替えることは、女性ボブスレーに限らず男性ボブスレーでも日常のことだと認めるニュースもありましたが、それは少数であり、多くのマスコミはラシーン選手のことを冷酷で無慈悲な人間として描き、彼女の行動を恥ずべきものと述べ、友情よりも自分のことを優先したのだから負けて当然だという意味のことを語ったのです。一方、フラワーズ選手が勝ったのは、友に誠実だったから当然だとされたのです[122][150][302]。

しかし、考えてみてください。オリンピックに参加するチャンスは限られています。選手が勝ちたいと思うのは、当然ではないでしょうか。だからこそ、ラシーン選手は自分の勝ちたいという気持ちを優先させたのです。しかし、それは女性にとって大きなタブーでした。そのため、彼女は表立って非難されたのです。このエピソードが女性に語るのは、「自分のほしいものを手に入れようとすることが、ジェンダー規範を破ることになるなら、求めてはならない。ほしいものは手に入らないだろうし、おまけに、さんざん非難され、侮辱されることになる」ということでしょう。

女性の成功が男らしさを脅かす。その恐怖ゆえに、男性と多くの女性は時代の流れを押し戻そうとしています。こうした人たちは、女性の社会進出が多くの社会問題、特に、家族と子どもに関する問題を生みだしたのだと考え、その主張を広めようとしています[◆91]。メディアでは、社会の問題は女性の責任だという趣旨の記事や出版物があふれています。そして、男性の領域に進出する女性や自分自身の目標を追いかける女性に、制裁を与えてもよいのだということを教えているのです。また、自分のほしいものを求めてもよいのだろうかと、女性を不安にさせてもいます。こうして女性は目標を低くし、少なめのものを求めるようになるのです。

女性はレッスンをじょうずに学んできた

基準からはずれると罰を受けるというメッセージは、とてもはっきりとしたものです。そのため女性は、いつも罰を受けないよう行動してきました[301]。専業主婦のある女性（33歳）は、かつて広告関係の仕事をしていました。率直な態度の女性です。もし男だったら「まっすぐな人間」「気丈なやつ」と言われていたはずだと、彼女は思っています。彼女自身は「くそばばあ」と呼ばれたり、「攻撃的すぎる」と言われたりしたそうです。そのため、彼女はスタイルをやわらかくし、はっきりとしない態度をとり始めました。さらに、自分のアイディアだと主張するのも、評価を求めるのも避けるようにしたということです。そうしておけば、まわりの人は「自分の助けがあったから、そのアイディアは生まれてきたんだ」と思うようになり、恨みをかうことが少なくなるというわけです。

これが特別な例ではないことは、多くの研究からも確かめられています。女性はひとりでいるときと、誰かと一緒にいるときでは行動が違います。他者の前で自由にふるまうと、制裁を受けるということを知っているからでしょう。もちろん男女ともに、家にいるときと人前にいるときでは違うことをします。しかし、女性のほうがその違いが大きいのです。たとえば、2章で紹介した「働く時間研究」（63ページ）は、参加者の男女に4ドル（約440円）を稼いだと思うまで作業を続けてもらうというものでした。誰にもみられていない状況でも、女性は男性よりも22%も長く作業をしましたが、実験者にみられているところでは、男性よりも52%も長く働いたのです。男性のほうはと言えば、実験者にみられていても長く働くということはありませんでした[188]。「女性は他者に与える印象に気を遣わないといけない」ということを女性は知っているのです。ステレオタイプに反する行動をすると、制裁を受けるという恐怖があるのでしょう。このように女性は他人と一緒にいると、ジェンダー規範にあわせるようになります。女性が自信を表にだすのは、ひとりでいるときだけなのです[73][151]。

自分を認めてほしいと言うのはいけないことなのだと、女性は学んでいるのでしょう。誰かにみられているという意識は、交渉にも影響するはずです。たとえば、ひとりのときに考える要求に比べると、人前での要求は低いものになるというように。反対に、男性はほかの人がそばにいると要求が高くなるようです[302]。

「男と戦うな」というメッセージ

女性は競争、特に男性との競争を敬遠しているようです。ある研究を紹介しましょう。工学部の学生にコンピュータで迷路を解いてもらいます。最初にひとりで作業をしてもらい、迷路が完成するごとに決まった金額のお金を払いました（出来高払い条件）。この条件では、男女ともだいたい同じ数の迷路を完成しました。次に、同じ学生に「トーナメント」に参加するよう求めました。トーナメントでは、男女3人ずつ計6人が、一定の時間内で、誰がいちばん多くの迷路を完成するかを争います。勝者は一つの迷路ごとに出来高払い条件のときの6倍の報酬を受けとり、残りの5人は報酬なしになります[11]。

従来の経済理論からは、参加者全員が出来高払い条件のときよりも、トーナメントで迷路をたくさん完成すると予測できます。勝ったときの報酬にひきつけられ、全員ががんばろうという気持ちになるからです。しかし、実際に実験をしてみると、その予測通りになったのは男性だけ、という結果でした。男性は出来高払い条件に比べて、トーナメントでは34％も多くの迷路を解いたのですが、女性の場合にはそうした違いはありませんでした。男性の頭が突然よくなったわけではありません。トーナメントという状況が競争心をわき起こし、前よりもがんばるようになったのです。しかし、女性にはこうした影響はみられませんでした。

これはなぜでしょうか。女性は単に競争が嫌いなだけということでもないようです。というのは、男女別々にトーナメントを行なったところ、男性の成績は男性だけのトーナメントでも男女込みのトーナメントでも同じでした。勝つことの魅力によって、男性はトーナメントになるとがんばるのですが、それは戦う相手が誰でも同じなのです。一方、女性だけのトーナメントでは、出来高払いのときや男性と戦うトーナメントのときよりも、はるかにたくさんの迷路が完成していました。つまり、戦う相手が同性だと女性もかなりがんばるのです。

なぜ女性は、男性も混ざったトーナメントではがんばらなかったのでしょうか。一つ考えられる理由は、「迷路は男性のほうが得意だ」と女性が思い込んでいたためというものです。男性のほうが得意だから勝てない。勝てないと思ったら、がんばろうとしないでしょう。しかし、この研究で使われた迷路はきわめてありふれたもので、男性の得意分野だとみなされた可能性はほとんどありません。そこで、考えられるのは「女性は男性と競争するのが嫌い」だったので、男性も混ざったトーナメントではがんばらなかったという理由です。この説明はジェンダー規範と一致するものです。

男の子は戦うことを期待されていると知っています。そして、すぐれた競争者こそが男だということも知っています。また男の子は、知的能力や身体能力、あるいは、ビジネスにおいて、女の子よりもすぐれていることを期待され、それこそが男らしさだということも知っています。そして、女の子もこうしたことを知っているのです。これを「交渉」にあてはめて考えてみましょう。交渉はある意味で「戦い」です。そのことから、男性も女性も「交渉は女性のものではない」という結論を導くようになります。交渉で男性と戦い、勝つ。つまり、彼（男性）の思っていた以上の昇給を勝ちとり、彼の考えていた車の価格を値引きさせ、彼が意図していた以上の責任ある立場につくということは、相手の男らしさを脅かすことになるかもしれません。これがよいことではないと女性も知っています。男性を脅かすとたいてい自分の身に跳ね返り、制裁を受けるようになるのです。

仕事の面だけでなく、プライベートな生活でもその代償をはらうようになるかもしれません。ある経済学者によると、女性が成功すればするほど、結婚や出産のチャンスが少なくなるそうです[134]。男性は「賢い女性を恐れ、そういう女性とデートしない」という考えをあざ笑いますが、この現象はちゃんと存在しているようです。名門ハーバードに通っているふたりの女性が、二〇〇二年に、あるテレビ番組でインタビューを受け、「ハーバード大学に通っているということを、男性には言わないようにしている」と告白しています。それは、彼女たちの優秀さに男性がしりごみをしてしまい、関係を続けることができないからなのだと語っています[78]。

ケーブルテレビの人気番組『Sex and the City』は、ニューヨークで働く4人のキャリア・ウーマンの生活を描いたものですが、その中のあるエピソードがこのジレンマを描いています[58]。主人公のひとりは弁護士として活躍しています。しかし、自分のキャリアを聞くと、多くの男性がしっぽを巻いて逃げるのを経験してきた彼女は、あるとき客室乗務員のふりをして男性がどんな反応をするのかをみることにしました。このやり方は成功し、男たちはいまだかつて彼女が経験したことのないほど、情熱的にアプローチしてきたのです。この女性キャラクターは、かなり頭にきている様子でしたが…。このエピソードから女性の受けるプレッシャーの一つが明らかになります。「自分の成功をひけらかすな。そうすれば、彼との関係を築くチャンスもできる」と。

どうやって求め、どうやって手に入れる？

では、女性はほしいものをどのようにして手に入れればよいのでしょうか。がんばって戦えば戦うほど制裁を受けるのですから、どうしようもないのでしょうか。実は、女性が制裁を受けることなくその能力を使うためには、「好かれる」ということ以外に、「よい人」になるという方法があります。「よい人」は親しみやすくみえなければなりません。他人の要求や気持ちに気を使っているようにふるまわなければなりません。そして、他人との衝突を避けなければなりません。このやり方は女性にとって有効なようです。それを示す心理学の研究を紹介しましょう。

同僚をある意見に賛成するように説得している男性／女性をビデオテープに録画します。その意見は「食堂の献立を変えないほうがよい」というもので、賛成者のあまりいないものです。ビデオテープは8種類あり、四つは男性が、残りの四つは女性が意見を述べています。話の内容はまったく同じでしたが、このふたりはそれぞれのテープで異なった行動をとるように指導を受けていました。それは以下の四つのスタイルです。

①支配的スタイル　常に相手の目をみる。手の動きをたくさん使う。大きな怒ったような声で話す。顔の筋肉をこわばらせ、張りつめたようにみせる。

②服従的スタイル　視線を避ける。神経質そうな手の動きをする。ソフトで動揺したような声で話す。口ごもる。ためらう。猫背になる。

③課題志向的スタイル　頻繁に目をみる。手の動きは静かなものだけを使う。早く、あまりためらうことなく話す。

④社交的スタイル　相手にむかって乗りだすような姿勢をとる。うっとうしい身ぶりは使わない。リラックスしたようにふるまう。親しみやすさと友好の気持ちを伝える。ほほえむ。

このビデオテープを男女にみせ、それぞれの話し手の意見にどのくらい賛成するかをたずねました。これは、話し手がどのくらい聞き手に影響を与えているのかの全体的な指標となります[49]。その結果、男性の話し手は③の課題志向的スタイルのときに、もっとも影響力が大きく、女性の話し手は④の社交的スタイルのときに、いちばん影響力が大きいということがわかりました。

同じような研究がほかにもあります。女性の研究協力者を男女の混ざったグループに入れ、グループ内で一連の決定をさせたところ、その女性が「親しみやすく、協力的で、自信をもっているが、衝突を避け、察しのよい」ようにふるまったときに、一番影響力が強くなったということです[224]。一方、自信をもっているだけだったり、自分中心的にふるまったりというときには、その女性はほとんど影響力を発揮できませんでした。この研究を行なった社会学者は、「力を求める女性は、有能さを示すような積極的な行動と社会の『柔軟剤』を一緒に使うことで、影響力を行使することができる。…そうしたテクニックによって得るものは、小さなものではない。有能な女性が権力をもつことで、女性の地位をおとしめている社会の土台が崩れ始める」と語っています[225]。

また、従業員の採用についての研究でも、同じような結果が得られています。たとえば、女性は能力と「共同的行動（たとえば、雇用主の希望やプランに関心を示す）」を兼ね備えたほうが、能力と「作動的行動（たとえば、自分の希望のほうに焦点をあわせる）」をもっているときよりも採用されやすいようです[245][246]。これは、自己中心的つまり「作動的」な女性は、まったく同じ特徴をもつ男性に比べて、社会性が欠けているとみなされるからだと考えられます[246]。どうやら社会性に欠ける女性は恐れられるようです。そこまでいかなくても、あまり人から好かれなくなってしまい、他人に影響を与える力を失い、そして、ほしいものが手に入らなくなる危険性があります。

以上のようなことから、女性が交渉に入るときには、情報、アイディア、決意で身を固めるだけでなく、「親しみやすく、脅威を与えないマナー」という武器をもたなければならないということがわかります。つまり、女性は協調性をもち、他人の要求に関心をもつよう心がけ、そして、対立を避けなければならないようです[49]。もちろんこれは、女性はひきさがれという意味ではありません。たとえば、今の仕事は好きだけど、給料が低いと思っている女性が、別の企業からもっと高い給料で誘われているとしましょう。彼女が上司のところに行って、「今より○万ドルも高い給料で誘われています。もし、今の給料をそのくらいにしてもらえないのなら、会社を辞めます」と言ったならば、上司はその直接的な言い方にムッとして、「辞めてもけっこう」と返すでしょう。しかし、「あの、給料のことでお話があるのですが、今、お時間はよろしいですか」から始めると、交渉はもっと違うかたちになるかもしれません。「あなたがたくさんの仕事をかかえて忙しいのを知っています」と伝えることで、上司に対する配慮を示すことになります。もし上司が「いいですよ」と言えば、ほかの会社からの誘いについて説明し、給料のことも言いだせるでしょう。そして、「この会社で働くのはとても楽しいです。でも、給料のことを考えると、この誘いについて考えたほうがよいかなと思っています。いつも私を公平に扱ってくださっているので、この誘いのことをお伝えしないと公平ではないと思いました」と言えるでしょう。さらに、「誘われている会社と同じくらいの給料にしてくれたら、ここに残るつもりです」とも言えるでしょう。こうして、上司との人間関係もよくなるうえに、状況を自分に都合のよいものにできます。

しかし、よく考えてください。こうしたやり方でよい結果が得られるとしても、なぜ女性だけ（！）がこんなことまで考えて行動しなければならないのでしょうか。読者の女性の中には、すでに頭にきている人もいるかもしれません。この本を書いている筆者たちも腹立たしく思っています。女性が男性と同じような力を行使するには、「男性よりもよい人」にならないといけないというのは、女性をしばっているジェンダー・ステレオタイプを強めることになります[225]。「能力も意欲も高く、他人に勝る、しかし、他人を負かすことのない女性」なんて、できない相談です[246]。

さらに、社会のしくみのほうがおかしいのに、それを変えることなく、女性自身にがんばって不平等をとりのぞけと言うのは不公平です。たとえ成功している女性でも、そんなことはなかなかできません。そして、そこまで成功していない女性は、悪いのはこうしたことができない自分なのだと考えてしまったり、他人からも責められたりするようになるかもしれないのです[311]。ただし、ここで紹介した研究結果は見方を変えれば、女性のために役に立つ可能性があると言う研究者もいます。これまで、女性がよくするほほえみなどの「共同的行動」は、立場の弱い人が力をもっている人を喜ばそうとして行なうものと考えられてきました。しかし、そうではないという報告もあるのです[48]。その考えをもとにすれば、積極的行動と共同的行動を同時に使うことで、それが真の力の源となり、女性はもっと成功するはずです。女性をレディにリフォームするというブリーブロード・プログラム（106ページ）が訓練しているような、あいまいで、弁解がましく、ためらいがちな行動は、有能な女性が男性社会に与える脅威を減じるでしょうが、逆に、女性を無能にみせてしまうという弊害があるのです[46]。一方、親しみやすい社交的なスタイルは、リーダーシップをとる女性のもたらす脅威を低めつつも、有能さと自信を伝えることになるので、すてきなやり方になるでしょう。こうした点については、8章でもう一度取り上げます。

みなさんは、このアドバイス（積極的行動と共同的行動を同時に使うとよいということ）を侮辱的なものと思いますか。あるいは、役に立つものと思いますか。いずれにしても、成功している女性の中にはすでに、こうしたテクニックを使っている人もいるようです。男女のリーダーシップ・スタイルについての研究から、非常に成功している女性は同じような男性に比べて、共同的な行動やソフトなスタイルをたくさん用いていることが示されています[84]。たとえば、サンフォード・C・バーンスタインという資産運用会社のCEO、サリー・クロチェック氏（37歳）。彼女はほかの会社が評価する株を格下げし、誰も手をださないような株をすすめるといった判断を行ない、すばらしい実績をおさめていました。高いところまで出世した女性がさまざまな制裁を受けている中で、クロチェック氏はそうしたものとは無縁で、順調に成功してきたのです。それは、彼女がその強靱さを隠すような、上品で洗練されたマナーをもっているからだと言われます[247]。

賢い女性の賢い選択

では、女性が制裁を恐れることなく、自分の目標を自由に追い求めるためには、どうしたらよいのでしょうか。ここでは参考に三つのコースを提案しましょう。

第一に、自分で独立して新しい道を進むというコースがあります。すでに多くの女性が従来のビジネス環境でがんばるのをあきらめ、起業家の道を選択しています。

第二のコース。もしあなたが男性の多い組織で働いている女性ならば、トークン（数少ない女性）という自分の地位を消すために、できることは何でもやりましょう。自分の会社にほかの女性をリクルートする。若い女性を指導し、高い地位にあがるのを助ける。女性のネットワークをつくるように働きかける。情報のパイプができれば、助けあえるはずです。

第三のコースは、賢い選択をするということです。やってみたい職種があれば、すでにその仕事をやっている女性が多い企業を探しましょう。ほとんどが男性で占められているような職業でも、職場によっては女性がたくさんその職種についていることもあります。ある研究によると「制裁の棚上げ」は、女性の割合が15％程度に達したときに生じ、女性の割合が35％から40％になると女性に許される行動が大幅に広がり、女性にとってやさしい環境になるそうです[287][311]。

また、女性の地位向上を応援している組織や、評価のシステムがオープンで、よく整えられているような職場を選ぶことも大切です。特に、きちんと整えられた評価システムというのは、非常に重要です。企業がどのように従業員を評価しているのかが、女性に大きな影響をもたらします。明確な判断基準があり、評価過程がきちんと決まっており、主観的判断が入りにくくなっていると、女性はうまくやっていけます[95][131]。また、チーム全体の評価よりも、一人ひとりが評価されるときのほうが、女性はすぐれた成績をあげます。それは、女性は能力が低いというステレオタイプによる悪影響が低められるからです。チームがよい業績をあげるとメンバーがよくがんばったと評価されますが、ステレオタイプのせいで女性はあまり貢献していないとみなされるのです[132]。

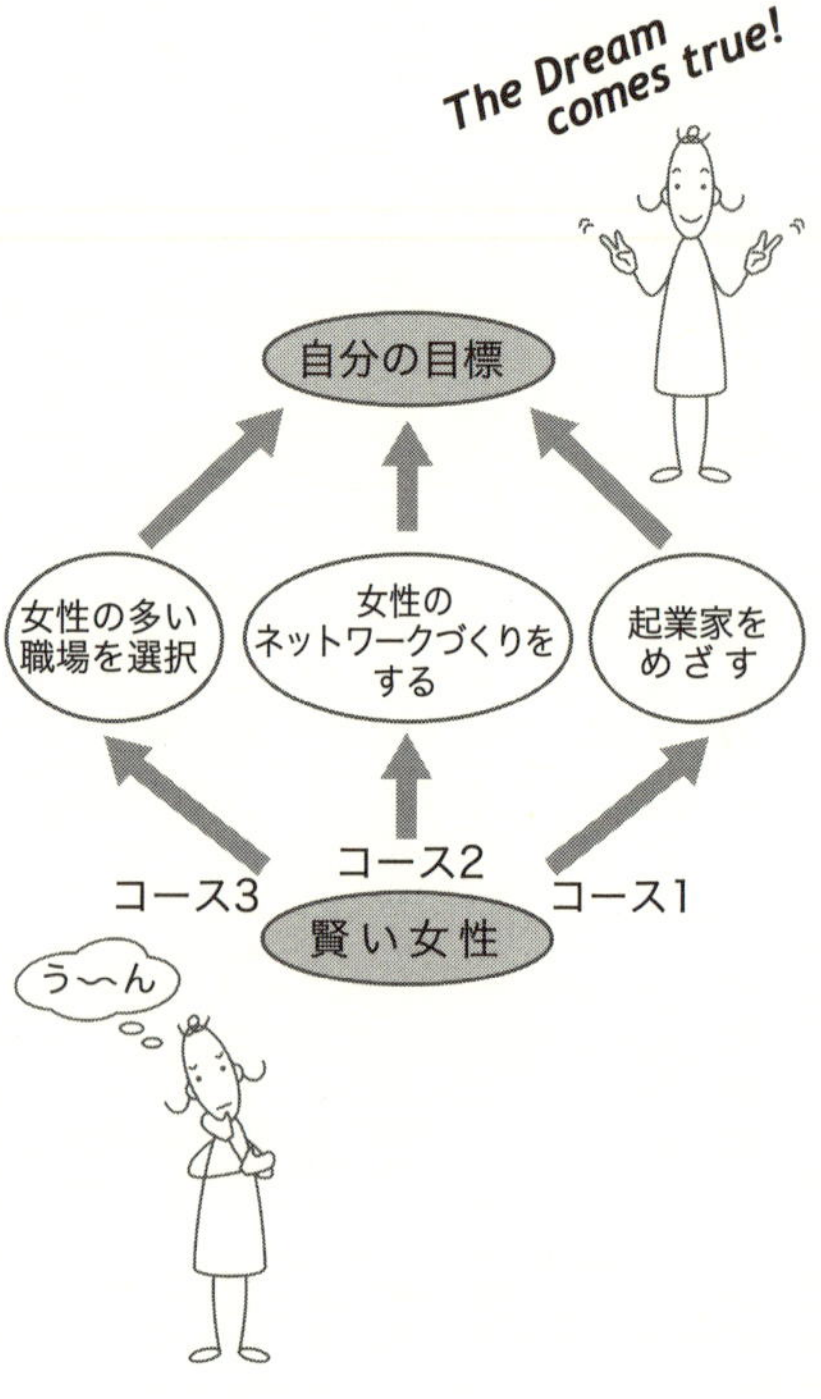

また、賢い選択をするということは、「じょうずな買い物をする」という感覚にも似ています。つまり、どこに応募するかを決める前に、たくさんのリサーチをし、そして、応募や面接の過程で自分から質問するということです。一つのアドバイスを紹介しておきましょう。「まず、最初のステップは、どんな仕事が自分にあうかをみつけることです。次に、どこの会社が自分にふさわしい環境を提供してくれるかをみきわめるのです。自分自身でたくさん調べ、そして、ある企業に決めたら、

どのように自分が評価されるのかをたずねなさい」。評価についてたずねないというのは、「ゲームに登録して、自分の得点がどうなっているのか知らないということだ」と語るCEOもいます[30]。

もちろん、社会も変わらねばならない！

変わらなければならないのは、女性だけではありません。社会、つまり、すべての人が変わらなければなりません。女性をみる目が、ステレオタイプによって影響されていることを、まず自覚する必要があります。ビジネスの世界では、社員の評価に主観が入らないように、透明性の高い評価基準や評価過程をつくる必要があるでしょう。企業は性別を理由に処遇を変えてはいけないのです。アメリカではすでにこれが法律となっています。ここで、アン・ホプキンス氏の話を紹介しましょう。

アン・ホプキンス氏はプライス・ウオーターハウスという会計事務所で働いていました。一九八二年、彼女は共同経営者の候補になります。候補者88名のうちのたったひとりの女性でした。彼女はその年、2千5百万ドル（約27億円）を稼ぎだし、ほかの87名よりも長い時間働いていました。しかし、共同経営者になれなかったのです。彼女は積極的で達成志向。成功する男性の資質をすべてもっているような女性でした。問題だったのは、男性でなかったということです[299]。ホプキンス氏は訴訟を起こし、最高裁までのすべての裁判で勝ちました。裁判では心理学者も、ステレオタイプの影響について証言しました。以下は、最高裁での判断の一部を要約したものです。

女性のステレオタイプにもとづいて、女性は積極的にはなれない、積極的であるはずがないと思い込んでいる雇用主は、性別を基準にしている。人種や民族のステレオタイプにもとづいて、雇用主が従業員を評価できた時代は過去のものになった。女性が積極的であることを否定しながら、その女性がついている地位に対して、積極性を要求するという雇用主は、女性をむずかしいジレンマに陥れている。女性は積極的にふるまっても仕事を失い、積極的でなくても仕事を失う。「タイトルⅦ」[*1]はこうした束縛から女性を解放するものである。

ソフトさや優雅さに欠ける女性に「もう少し化粧をして、チャームスクールに行ったほうがいいんじゃないか」と言うのは、アメリカでは法律違反なのです。ちなみにこのセリフは、アン・ホプキンス氏が共同経営者に昇進できなかったときに、上司が発した言葉です[299]。ホプキンス氏は自分に自信をもち、戦いました。しかし、多くの女性はこうした争いを避け、求めるのをやめます。そして、自信をみせることで生じるリスク、公平に評価されたいと要求することで生じるリスク、自分のほしいものを追い求めることで生じるリスクなど、さまざまなリスクを感じとり、そのため、不安になり交渉を避けるでしょう。次の5章では、このときの不安やそれがもたらす影響について考えてみましょう。

＊1 〔訳者注〕タイトルⅦ：アメリカでは、一九六四年、公民権法タイトルⅦが成立し、従業員15名以上の雇用主を対象に、人種、皮膚の色、宗教、性別、出身地などの違いによるあらゆる差別の禁止と撤廃が規定された。

5章　交渉不安の原因——その克服のために

私（筆者：リンダ）の大学時代からの友人である、女性弁護士（43歳）の話です。彼女は20年間行政機関で働いていましたが、あまり給料がよくなかったので、民間に移ろうと決めました。職探しの前に、私にアドバイスを求めてきました。そして、私の話をもとに、同じような仕事をしている人たちの給料を調べ、自分の給料はどのくらいになるはずかを想定し、交渉のやり方を練習しました。その後すぐに仕事はみつかったのですが、給料は考えていたよりもずいぶん低いものでした。それなのに彼女は交渉することなく、それを受け入れてしまったのです。彼女が言うには、「肝心のところでパニックになって、へたばってしまって…」。交渉しなければと思っただけで緊張してしまい、考えていた通りにすることができなかったようです。

ここで紹介したのは給料交渉の例ですが、みなさんの中にも、これがほしいと言おう、あれをしてくれと言おう、といろいろと思いながら、そして、頭の中で練習をしながらも、いざとなると何も言えなかったという経験をした人もいるのではないでしょうか。

それはいったい何のせいなのでしょうか。先ほどの弁護士は交渉のためにいろいろと準備していたのに、最後の瞬間にトライすることさえやめてしまいました。なぜなのでしょうか。実は、こうした疑問を検討した研究はほとんどありません。それは、従来、交渉というものは単に経済的な理由に基づくもの、つまり、損得を計算して、プラスになるという保証があれば、交渉するものだと考えられていたからです。しかし、これでは多くの女性が交渉をしたことがないという事実を説明できません。男性のほうがはるかにたくさん交渉をしているのですが、その男性の経済的状況と女性の経済的状況がそれほど違うとは思えません。筆者（リンダ）の研究では、女性回答者の20％、つまり、アメリカの2千2百万人に相当する人が一度も交渉したことがないと回答していました。これほど多くの女性が、交渉によってプラスになるという状況に、いまだかつて出会ったことがないとは考えられません。経済的なことよりも精神的な負担が問題なのではないでしょうか。交渉のプロセスは、耐えられないくらいの不快感をもたらすものです。男性でも交渉場面で緊張する人は多いはずですが、いろいろな理由から、その不快感に打ち勝ち、最終的に交渉するようになるのです。どうして女性だけがこんなに神経質になるのでしょうか。なぜこんなにも多くの女性が、がんこに交渉を避けるのでしょうか。この章では、その原因である「不安」について考えてみましょう。

本当の壁は、不安かもしれない

女性は男性よりも、交渉することに不安を感じているのではないか、そして、その不安のために交渉ができないのではないかと、実は研究者も長いあいだ考えているのですが、今のところ、これを確認した研究はありません。しかし、筆者（リンダ）のインターネット調査から、女性は男性よりも、交渉に不安や居心地の悪さを感じていることが示されています。その調査では、回答者に「ほしいものをほしいと言わなければならないときは不安だ」「ほしいものをほしいと言う勇気をわきおこすのに、いつも長い時間がかかる」のような文章を示し、どのくらいあてはまるかをたずねました。こうした質問を使って、回答者の「交渉不安」を調べたのです。予想通り、女性の得点は男性よりもずいぶん高く、「非常に強い不安」を感じている女性は、男性の2・5倍もいました[11]。

別の質問でも交渉不安を調べてみました。それは、複数の交渉場面の物語を読んで、それぞれの場面について、どのくらい不安を感じるかを答えてもらうというものです。一つの場面（休暇でどこに行くかを家族と交渉している場面）を除いて、女性は交渉について高い不安を感じていました。特に、男性のほうが得意だとされている活動についての物語（たとえば、車を修理に出すときの交渉）については、男性の2倍の数の女性が交渉することに「とても不安」「非常に不安」と感じていたのです。

また、参加者に単語のリストを読んでもらい、交渉のことを言いあらわしている言葉を選んでもらうということもしました。その結果、男性は「興奮する」「おもしろい」と答えることが多く、女性は「怖い」を選ぶことが多かったのです。これとは別に、回答者に比喩《ひゆ》（たとえ）のリストをみせ、自分の交渉経験を何かにたとえるとしたら、こうなるというものを選んでもらうという研究もあります。この結果は、男性が「野球で勝つ」「レスリングの試合」のような表現を選ぶのに対し、女性は「歯医者に行く」のようなものを選ぶことが多いというものでした[g]。

筆者（リンダ）の交渉の授業では、学生になぜこのクラスを選んだのかをよく書かせます。男子学生が「交渉技術がうまくなりたい」というようなことを書く傾向があるのに対して、女子学生は「交渉が嫌いなので、どうしたらうまく交渉できるか知りたい」「交渉には違和感があるので、避けています。それをどうにかしたい」というようなことをよく書きます。いつもこんな調子なので、名前をみなくても、回答を読んだだけでその人の性別がわかるくらいです。このように、女性のほうが交渉についての不安が高いようです。

成功した女性でさえ、交渉に対する強い不快感をもっているようです。二〇〇〇年に筆者(リンダ)は、管理職についている20人ほどの女性医師を対象に、交渉の研修会を開きました。その中で、彼女たちが交渉についてどう思っているかを探るために、アンケートを行ないました。3分の2が「交渉は緊張する」と答え、86%が「心細い、防衛的になる」というような否定的な気持ちを強くあらわしたのです。「力強く、積極的な気持ちになる」のような肯定的な感情をあらわしたのは、14%だけでした。

不安は何をもたらす?

こうした不安のために、交渉プロセスがむずかしくなるだけでなく、そもそも交渉しようと思わなくなります。同じくらいの不安でも、男性に比べると女性は3倍以上も骨抜き状態になるようです。たとえば、不安が25%高くなると、女性が交渉をやり遂げる割合は11%も減ります。しかし、男性の場合には3％減るだけです。つまり、男性に比べ女性は交渉に強い不安を感じるだけでなく、不安が大きな障害物になっているということです[11]。資産運用会社勤務の男性（34歳）は、交渉の際に「不安を感じても、そのときをもちこたえさえすれば、あとは何とかなる」と言います。逆に、キャリア・カウンセラーの女性は、交渉は「心身ともに疲れる」から避けることが多いと言います。「嫌な思いをするかもしれない」と思うと、それだけで交渉できなくなるようです。

交渉を避けたいという気持ちにヒントを得て、ほかの人のために車の値段を交渉する商売を始め、成功をおさめた男性がいます。当然のことながら、彼の顧客のほとんどは女性だったとのことです。女性はかなりのお金を払っても、交渉を避けたいようです。しかし、交渉に失敗し、車にかなりのお金を払うようになるのがいやだったというわけではないようです。この交渉サービスのために女性が支払った金額は、プロの交渉屋が獲得した差益の額なのですから…。女性は単に「交渉しなければならない」のをいやがっているだけです。ある研究によると、車の購入金額の交渉を避けるために、男性が666ドル（約7万3千円）で買う車に対して、女性は倍の1千353ドル（約15万円）を払うとのことです[h][222]。また、ある車のメーカーは販売価格を交渉しないというやり方をとっていますが、そのメーカーの車を買った人の63％が女性でした[i]。

人間関係が一番大切――才能よりも？

この章の終わりに、女性が交渉する自信をつけ、力を発揮するためのテクニックを紹介します。でもその前に、不安をもたらす原因について考えてみましょう。その一つは、何かを求めることで、その相手との人間関係を傷つけるのではないかという恐れです。この恐れが女性の不安を高めることが多く、そのため要求を口にだすことがなかなかできないようです。

男性に比べ女性の人生にとって、人間関係はずいぶん重要な位置を占めています[70]。これは、小さな子ども、10代の若者、そして成人期全般、さらに、あらゆる職業の人々で確認されています。女性は世界を「人間関係の色眼鏡」を通してみているようです。そのため、ビジネスで取り引きしたり、仕事で問題を解決したり、店で価格交渉をしたり、友人や家族と何かを決めたりというような際に、「そこで考えないといけない問題」と「そこでの人間関係」を区別できなくなるようです。

女性が人間関係を重視していることを示した研究を紹介しましょう。一九八二年に、ある心理学者が、小学校一年生から高校二年生までの５６０名の子どもにインタビューしました。子どもに自分自身について５分間で語ってもらいます。その結果、女の子は男の子よりも、ほかの人についてふれることが多かったそうです[199]。一九八八年に高齢の男女を対象にして行なわれた研究でも、同じような結果になっています[197]。また、別の研究では、人々に「理想の自分」を語ってもらったところ、女性は男性よりも人間関係について話をすることが多かったとのことです[41]。

おもしろい研究があります。それは、２０１名の大学生を募り、「自分をよくあらわしていると

てもらっ

思う写真」を12枚集めてもらうというものです。写真は自分で新たにとっても、誰かにとってもらってもよいし、すでにもっているものでもよいということでした。その結果、男子学生は何かの活動（スポーツなど）をしている写真や、大切なもの（車など）の写真、あるいはひとりでうつった写真をもってきたのですが、女子学生は誰かと一緒の写真をもってくることが多かったのです。どうやら女性は自分自身を人間関係という点からとらえ、男性は能力や実際にやってきたことから自分をとらえる傾向があるようです[59]。中学三年生を対象にして、同じようなことをした研究もありますが、そこでも同じような結果が得られています。女の子がもってきた写真の69％が、人とのつながりをあらわすものでしたが、男の子の場合にはそれが38％でした。男の子がもってきた写真の50％が、ひとりでうつったものでしたが、女の子の場合、ひとりの写真はたった18％でした[281]。

このように人間関係の重要性は男女で異なるようですが、それが遺伝によるものなのかどうかはよくわかっていません。しかし、女の子と男の子に対する大人の扱い方によるところが、かなり大きいと考えられます[70]。たとえば、親は何を感じているかということについて、娘とはよく話すのに、息子とはそれほど話さないようです。それは、女の子に対して「まわりの人の気持ちに注意をはらいなさい。そして、ほかの人の気持ちに責任をもちなさい」というメッセージとなります[80][97]。もっとはっきりとしたかたちで、このメッセージを学ぶこともあります。たとえば、子どもの頃、優秀な体操選手だったという女性。彼女のチームメートはだいたい一種目を専門としていたのですが、彼女は才能があり、複数の種目をうまくこなしていました。あるときコーチが彼女をわきに呼び、伝えたのです。ある子が彼女に腹を立てていると。それは、彼女がその子の種目も得意だからだと。このメッセージはとてもはっきりしたものです。ひとりの才能や可能性よりも、ほかの子の気持ちのほうが大切だということ。そして、ほかの子の気持ちを傷つけないために、やる気を抑えねばならないということ。もしこれが男の子だったら、コーチは「ほかの子の気持ちを傷つけないように、あまりじょうずにやるな」と言うでしょうか。

自分はどんな人？——男女で違う見方

人間関係の重要性。どうやらそれが男女で違っているようです。このことに関連して、心理学者は、自分自身をみるときの見方が、男性と女性では異なっているのではないかと考えています[j]。この「自分についての解釈」とでも言えるものを、心理学者は「自己スキーマ」と呼んでいます[95]。自己スキーマというのは、自分が誰なのか、どんな人間なのかという感覚です。それは自己像であり、自分自身のパーソナリティをどのように感じているのか、ほかの人の目にうつっている自分はどんなものなのか、という考えなどからできあがっています[95]。そして、自己スキーマはその人がまわりの世界をどのようにみるかに影響します。つまり、外の世界の情報を処理し、できごとを理解し、記憶をつくるときのフィルターとも言えます。また、人の行動も左右します。

そして、男性は独立的な自己スキーマをもち、女性は相互依存的な自己スキーマをもつと考えられています[k]。独立的な自己スキーマをもつ人は、自分を他人と区別して考え、自分の行動がまわりの人に与える影響についてあまり注意をむけません。こういう人は自分の好みや目標を優先し、人間関係を手段として考え、広く浅くという関係をつくります[70]。これと対照的に、相互依存的な自己スキーマをもつ人は、他者とのつながりの中で自分を考えます。人間関係を自分の一部だとみなすのです[1][70]。こういう人は、自分がまわりの人にどのような影響を与えているのかという点から、自分の行動をみます。ほかの人と強い絆を築き、それを維持することが重要な目標です。

こうした自己スキーマが、交渉についての感じ方に影響を与えています[101][121][158]。ある研究で男女大学生に就職の交渉を行なってもらい、その後、学生に交渉の目標と攻略方法についてインタビューしました。このインタビュー内容をもとに、参加者を二つのグループに分けます。一つは交渉を自分の利益のためのものとみる人たち、もうひとつのグループは、交渉を他者（採用責任者や組織の人）に受容してもらうためのものとみる人たちです。前者の「利益追求グループ」は72％が男性であり、女性はたった28％でした。そして、「受容グループ」では男性が29％、女性は71％でした[16]。このことから、男性は交渉を何かを得るための「手段」、つまり、単なるビジネスとみているのに、女性はそこにある人間関係に焦点をあてる傾向があることがわかります。

筆者たちのインタビューでも、男女の違いを浮き彫りにした例がたくさんでてきました。女性ジャーナリスト（50歳）は「交渉に入るときには、まず人間関係のことを考えます。自分のことよりも、人間関係をそこなわないようにしなければと考えるのです」と語ります。しかし、資産運用会社の男性はこれとまったく反対のことを語りました。「仕事をしているときには、他人の気持ちが傷つこうがどうなろうが、そんなことは気にしません」。

交渉とは対立である——不安の原因

人間関係を重視する女性は、交渉が決裂し、それが個人的な対立になるのを恐れます。交渉では対立や競争が顕著になりますが、それは、他者に反対する立場にあるということを意味するので、多くの女性にとって心地よい場所ではないのでしょう[162]。対立や戦いは、女性の自己スキーマやアイデンティティと相いれないものなのです。男性は意見の不一致を対立だとみなすことがあまりありません。また、対立によるダメージについてもあまり心配しません。

子ども時代の社会化と遊びのスタイルが、こうした男女の違いを生むと考えられています。3歳頃の子どもたちは、同性の子どもと遊ぶようになります。この傾向は年齢とともに強くなり、6歳頃には、異性の子どもと遊ぶよりも、11倍も多く同性の子どもと遊ぶようになっています[184][185][186]。女の子と男の子の遊び方は違います。つまり、遊びから学ぶものが、女の子と男の子では異なるということです。

女の子は小さなグループで遊び、たいていひとりかふたりの女の子と仲よくなります。女の子にとっていちばん大切なのは、仲よくなって、その関係を保つことです[165][185]。そのため女の子は男の子に比べ、みんなが平等で、勝者も敗者もないような活動をするようになります[190][256]。ゲームの最中にけんかになったら、そのゲームをやめて人間関係を保とうとします[176]。女の子は「こうしよう」という提案をよくだし、ほかの子に反対するより賛成するほうが多いのです。こうした遊びのスタイルから、女の子は衝突を避け、協力を好むようになり、そして仲よしの関係を続けるためには対立を避けるのがよいということを知ります。

男の子は女の子よりも大きなグループで遊び、遊び方も乱暴です[137]。お互い直接的に命令することが多く、遊びには競争や対立、支配権をめぐる戦いが含まれています[184][190][204]。男の子のおしゃべりは自己主張です[258]。ゲーム中にけんかになったときには、そこにいる子どもの中でルールを決めて対応します[176]。こうした遊びから男の子は、お互いを傷つけたり人間関係をこわしたりせずに、攻撃的にふるまうにはどうすればよいのかを知るようになります。また、男の子は競争が楽しいこと、競争相手も友だちだということ、目標（たとえばゲームで勝つこと）を達成するには自己主張が有効だということを学びます[185]。重要なのは、人間関係を傷つけないようにしながら、相手と反対の立場をとる方法を学ぶということです。ある本に載っていたエピソードを紹介しましょう。ふたりの男性が職場の予算カットの話で口論しているのをみた女性は、ショックを受け、とてもいやな気持ちになったそうです。しかし、彼女がもっとショックだったのは、その口論のあとも、ふたりが以前と同じように仲がよかったことだと言います。「どうして、けんかなんかなかったように、つきあえるんだろう?」。同僚の男性にたずねたところ、彼は不思議そうに「けんかしてたじゃないか。で、もう終わったんだよ」と答えたのです[◆280]。

女性は人間関係を重視するため、友好的な戦いをする機会があまりなく、そのため、友好的に戦うにはどうすればよいのかをなかなか学べません。キャリア・カウンセラーの女性は「男性には、『サッカーは戦いだ。でも、サッカー場から出たら、仲よくやっていける』という感覚があるのだと思います。個人的なことと戦いは別だという感覚です。でも、私にはすべてが個人的なことです。

子どもの頃、そう刷り込まれたような気がします」と語ります。女性は男性ほど対立というものを経験しないので、どのようにすれば人間関係を脅かすことなく、対立できるのかを学ぶ機会もほとんどありません。女性はそういうスキルをもっていないのです〔◆280〕。

たとえば、ベビーシッターの女性（25歳）は、あるアパートでほかのふたりと共同生活をすることにしました。そのふたりはすでにしばらく暮らしており、彼女は三番目のルームメートです。ひっこしたあと、彼女は自分の部屋がとても小さかったので、本棚と机を共用のリビングルームに置きたいと思いました。しかし、リビングルームには、もうそれだけのスペースはありませんでした。トラブルメーカーと思われるのがいやだったし、スタートから人間関係をややこしくするのもいやだったので、彼女はリビングルームに自分のスペースがほしいと言うことができませんでした。「どんな交渉でも、その最中に対立が起こったら、人間関係に緊張が生じるのではないかと心配します」と、彼女は語ります。「交渉の相手になった人との関係が大切だったら、それをこわしたくないと思うでしょ？」。自分の目標にしがみつくことと、人間関係を保つために自分の要求を撤回することのどちらを選ぶかという選択を迫られたとき、女性は後者を選ぶようです〔◆279〕。もちろん男性も同じなのですが、女性のほうがその傾向がもっと強いということです。

対立を避けたいという気持ちが強いと、相手との関係を気にしなくてもよいようなときでも、その影響を受けるようになります。ある女性は祖母のお金をだましとろうとした男性とのエピソードを語ってくれました。

祖母のお金を扱い始めたとたん、彼はいなくなりました。あとで、お金はどうにかして取り戻しましたが。そのとき友だちがこう言ったのを覚えています。「なぜ、その男から好かれたいみたいなことを思うの？　刑務所に行くようなやつだってわかっているくせに」って。お金を取り戻さなければという気持ちもありましたが、みんながハッピーでないと、みたいな気持ちがありました。その男は私の友だちでも何でもなかったのに。

人間関係を大切にするあまり、人間関係と言うほどのものではない関係もあることに、女性は気づいていません[162]。もう二度と会うこともないような人や、相手が何を言おうと自分とはまったく関係ないような状況でも、「ああ、こんな人、どうでもいい」と思うことができません。それは、配慮するというのが習慣になっているからです。

女性はまた、自分が何かを求めることで人間関係が傷つくのではないかとも心配します。それは、人間関係が傷つくと、自分もまた傷つくことが多いからです[185]。相互依存的な自己スキーマをもっている人の自尊心は、他者との関係にかなり依存しています[148]。そのため、ビジネスでの取引や交渉でさえ、交渉相手が不満を感じると、女性にはつらいものとなります。ある精神科医は語ります。「女性の場合、自己意識は人間関係をつくり、それを維持する能力に強く関連しています。そのため、ほかの人との絆が脅かされると、単に人間関係を失うだけでなく、自己そのものをほとんど失ってしまうのです」[202]。

独立的な自己スキーマをもっている人は、人間関係が脅かされても自尊心はそれほど傷つきません。友人に許してもらえないというような状況で、男女を比べると、女性の自尊心はかなり傷つくという報告もあります[135]。また、女性の場合、ほかの人とつながっているという感覚が強いと自尊心は高くなるが、男性の場合にはそうした関係はなかったという研究結果もあります[148]。もちろん、ほかの人に拒絶されるのは誰でもいやでしょう。しかし、男女を比べると、女性の受ける衝撃は大きいようです。そのため自分のほしいものを求められなくなっているようです。

不安を感じてもよいのです――大切なのはそれから！

女性は根拠のない不安を感じているというわけではありません。交渉の際に極端な要求をしたり、相手をいじめたりすれば、対立が高まり、人間関係にダメージを与えるのは当然です。だからといって、「女性は交渉しないほうがよい」というのではありません。また、不安を忘れて「相手のことなど気にせず、交渉をしろ」というのでもありません。必要なのは、交渉の際に自分が二つの目標をもっているということに気づくことです。一つは交渉している問題に関する目標であり、もう一つは人間関係に関する目標です。どちらか一方をあきらめる必要などありません。この二つの目標を同時に手に入れる方法があるのです。過去20年にわたる交渉学の研究では、女性も男性も、交渉の際に二つの目標をもつと、恩恵を受けることが示されています。

戦うのは終わり　これからはともに！

この二つの目標を達成するための最初の一歩は、交渉をとらえなおすということです。交渉を戦いや競争と考えるのではなく、「相手と意見を交換し、問題を一緒に解決するチャンス」ととらえるのです。交渉学者は、交渉が協同的な対話として展開するようになれば、交渉のプロセスは非常に生産的なものになり、思いもつかなかったような結論が得られると述べています[164]。そうした方法の一つに、「立場に基づく交渉」ではなく、「利益に基づく交渉」と呼ぶものがあります。その例を紹介しましょう。

図書館で言い争っているふたりの男性がいます。ひとりは窓を開けたい、ひとりは閉めたい。どのくらい開けておくかで、話はぐるぐる。ほんのちょっとだけ、半分、四分の三。どれをとってもふたりを満足させることはできません。そこへ図書館員がやってきて、ひとりになぜ窓を開けたいのかをたずねました。「空気を入れるため」。もうひとりに、なぜ窓を閉めたいのかとたずねました。「風を避けるため」。少し考えたあと、図書館員は隣の部屋の窓を開け放しました。空気は入ってくるけど、風は吹かないというわけです[◆94]。

この例に出てくるふたりの男性は、お互いに対立する立場（窓を開ける／閉める）について口論していますが、自分たちの利益（その立場の背後にある要求や希望）については論じていません。図書館員はどちらかに味方するのでなく、「両方の利益を満たす方法」をみつけようとし、最終的にふたりを満足させました。人間関係を維持したり、良好な関係を築いたりするためには、とてもよいやり方です。なぜなら、交渉者はお互いの立場を責めあって「相手をやっつける」のではなく、「問題をやっつける」ことに努力をむけるようになるからです[◆94][◆291]。こうしたテクニックには、次のようなものがあります[◆94][285]。

・状況判断のための質問をする（窓を開けるとどのような問題が生じるのか、閉めるとどうなるのか）
・それぞれの利益についての情報を共有する（息苦しさが不快だ。風邪をひいているので、風にあたらないほうがよいなど）
・問題を分ける、あるいは、問題を一緒にする（風にあたらないように新鮮な空気を得る方法はあるのか）
・現在の立場を守るためではなく、可能な解決法を探るためにいろいろなアイディアをだす（お互いの要求を満たす方法について考えてみる）

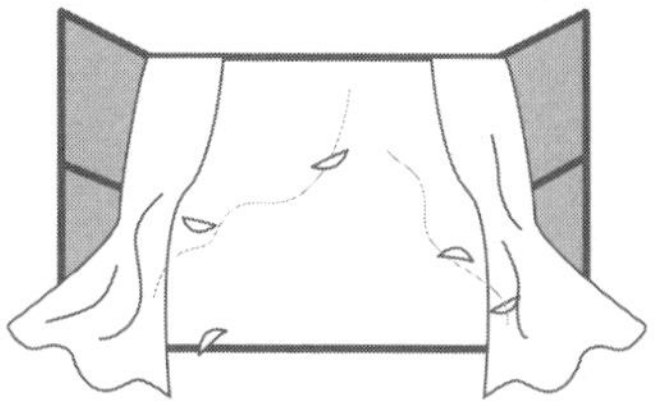

こうしたテクニックは人間関係を傷つける危険性が少ないので、女性の不安を解消できるでしょう。また、一緒に協力して何かをやるというのは、女性の得意とするところなので、気が

楽だと思います。相手の要求や利益、懸念を理解しようとすれば、交渉相手のことがだんだんとわかるようになるでしょう。こうしてすばらしい交渉結果が生まれ、そのうえ、相手とよい人間関係を結べるようにもなります。詳しいことは8章で説明しますが、女性には交渉の際に発揮できる強みがあり、それがよい結果をもたらすようになるのです。

しかし、相手の利益を考えるといっても、それは相手の要求に対して過剰に共感するということではありません。政策プランナーの女性は、交渉の際に極度の不安を感じるようですが、それは、一つには交渉相手に対してやたらに共感してしまうせいだと語ります。「罪悪感で苦しみます。私が相手をむずかしい状況に追い込んでいるのだと思うのです」。牧師の女性も、「口を開く前から、自分の立場を捨ててしまう。あまりに多くのことを要求しているのではないかと不安になって、交渉前から要求しないと決めてしまうのです」と語ります。こういうときには、「相手はこちらのことをちゃんと考えてくれている」と信じると、不安をコントロールできます。人間の傾向として、何かができないときやしたくないときには「ノー」と言いますが、しかし、それができるときや相手の要求を知っているときには、「イエス」と言いたくなるのが常です。

たとえば、私（筆者：サラ）の友人の女性は、大幅な昇給を求めると上司を悩ませることになるのではという不安を語ります。そこで、私は彼女に、もし自分の部下がむずかしい要求をもってやってきたらどう思うかとたずねました。彼女は即座に「そうだね。従業員のことを考えるのは私の仕事だから、満足してもらうためにできることはするなあ」と答えたのです。その反応が矛盾していることを指摘すると、彼女は気楽になり、そして、昇給を求め、それを得たのです。あなたが心配しなくても、交渉相手はこちらの要求にどうにか応えたいと思っているのかもしれません。

もう一つ役に立つのは、交渉の際に「感情を完全に抑えなくてもよい」ということでしょう。多くの女性が交渉で感情的になるのではないかと心配していますが、その心配はまちがいです。重要なのは、その場にふさわしい感情をだすということです。こちらの考えを理解してもらおうとするときに、机をたたいたり、どなったり、防衛的になったりというような否定的な感情（怒りやイライラなど）を表にだすのは、ほとんど効果がありません。泣きだすのもあまり効果がないでしょう。しかし、にっこりして落ち着いた声で話すと、肯定的な感情（快活さなど）が相手に伝わり、たいへん効果があります。感情は伝染する性質があり、一方の当事者は他方の感情を受け取ります。けんか腰から始まったような場合でも、「さあ、一緒にこの仕事を片づけてしまいましょう」というような肯定的な態度を伝えると、先方のムードや交渉全体の調子を変えることができるでしょう[126]。研究によると、人はよいムードの中では新しいことを考えたり、情報交換したりといったような協調的なスタイルになり、これまでにない斬新な解決方法をみつけるようです。また、競争的なやり方に訴えたり、議論のかけひきに走ったりということも少なくなるそうです[2][17][50]。

ユーモアも交渉の雰囲気によい影響を与える効果的な方法です。地方裁判所の女性判事はずっとユーモアに頼っているといいます。「ユーモアは人々をリラックスさせ、安定させる方法です」。リラックスすれば、交渉の場にいるみんなの不安が低くなります。

助けてくれる人がいるなら、助けてもらおう

不安に対処する方法は、ほかにもあります。それは、「可能ならば、助けを受ける」ということです。文学教授で伝記作家の女性は、最初の2冊の本を出版するときには自分で契約交渉を行ないました。交渉相手はやり手の編集者で、一目おかれるような人だったので、その人の気にさわるのが怖くて、高い契約金を要求するのをためらいました。しかし、彼女は筆者たちのアイディアについて知ると、3冊目の契約交渉のためにエージェント（代理人）を雇いました。今まで、編集者がいやがるのではないかと思って、ずっとできなかったことです。しかし、編集者はいやがることもなかったし、3冊目の本は2冊目の本のときの10倍以上のお金を得ることができました。人間関係への気遣いによって、彼女がどのくらい損をしていたかがよくわかるでしょう。そして、ほしいものをほしいと言うと、人間関係が悪くなるのではないかという心配のために、女性がどのくらいのものを犠牲にしているかが読みとれるでしょう。

タフガイを武装解除する

交渉相手が協力的になるのをいやがる場合には、どうしたらよいでしょうか。ある研究者は、このようなときには「交渉柔術」を使うのがよいと言っています。柔術をあやつる人は、自分の力で

はなく、身をかわして、相手の力を利用します[◆94]。「交渉柔術」は対立をしずめる方法で、相手が戦うスタイルで臨んだり、融通のきかない立場に固執したり、こちらの立場を攻撃したりするときに使います。そのような相手に直接反撃すると、対立をエスカレートさせることが多く、個人攻撃や否定的な感情がでたり、立場上のかけひきになったりします[1]。さらに、もっと効果的なのは「歩み寄り」と呼ばれるやり方です[◆291]。これは、けんか腰の交渉相手を敬意をもって扱い続けるというものです。相手の意見に耳を傾け、その立場の正当性を認め、可能なところでは同意するというやり方です。対立が減るし、相手の立場ではなく利益に注意をむける余裕もでてくるでしょう。そして、相手からも同じような行動を引きだすことができるようになります。

その例を紹介しましょう。たとえば、あなたが働くのを月曜から木曜までにして、金曜日を休みにしたいと思ったとしましょう。上司の返事は「絶対にだめだ」という叫びでした。もしあなたが男性なら叫び返したり、女性なら感情的になって要求をひっこめたりするかもしれません。しかし、ユーモアを交えて、落ち着いて「わあ、私の言ったことがよっぽどいやなんですね。きっとあなたを困らせるんでしょうね」のように返し、会話の調子を変えるほうが効果的でしょう。このようにすれば、「あなたの気持ちがわかります」「意見を聞いていますよ」という態度をみせることになります。要求をとり下げたことにはならないし、むしろ、敵対する側から上司の側へと移ったことになります。同じ側にいる人と口論をすることはむずかしいでしょう。

次のステップは対立をとらえなおし、「立場志向から利益志向に変える」ことです。つまり、上司の「絶対にだめだ」と反射的に叫ぶような立場を、お互いにとって都合のよい解決策を一緒に探すという方向に向けるのです[◆291]。そのためによいのは質問をすることです。「私が金曜日にいないと、どんな問題があるのでしょうか」。このやり方によって、二つのことができます。一つは情報を手に入れること。もう一つは口論や反対意見の応酬から、問題解決の方向への転換です。いったん上司がなぜ金曜日に休みをとるのがだめなのかを「その仕事に詳しい人が誰もいなくなるので、何かあったらどうすればよいのか困る」のように説明すれば、上司の状況を認めるとよいでしょう。「絶対にだめだとおっしゃった意味がよくわかりました」のように。そして、自分の利益について説明するというステップに移ります。「しかし、子どもともっと一緒にいたいのです」あるいは「資格をとるためにもっと勉強したいのです」「金曜日にある授業をとりたいのです」。そして、「ご迷惑をおかけせずに、少し時間をとるには、何かよい方法はありませんか」とたずねます。このようなやり方によって、「歩み寄り」が進み、協力がうながされ、そして問題の解決にむかって進むことになるでしょう。

もちろん、こうしたテクニックで、いつも望みのものが手に入れられるわけではありません。上司を悩ますことなく、休みをとるのは無理かもしれません。しかし、交渉中にも人間関係を守ることはできます。金曜日に休みはとれなくても、お互いに理解を深めることができるでしょうし、協力すれば、今までにない方法で問題を解決できることに気づくかもしれません。また、将来のあなたに、大きな飛躍を与えてくれるものになるかもしれません。

州立大学の施設管理責任者の女性（51歳）は、こうしたやり方がうまくいった例を話してくれました。

大学には学外から異動してくる学部長が何人もいます。こういう人たちが初めて大学に来たときには、いろいろな要求をだします。要求すれば、すぐに何でも手に入ると思っているんでしょう。それで、いろいろなところから「ノー」という言葉を聞くことになるのです。私も学部長と交渉しますが、ある程度の解決策をみつけてあげます。要求通りではないけど、まあまあなところで。それで、学部長のみなさんは私の仕事を理解してくれるようになります。そして、敬意を得るというわけです。要求通りのものは手に入れられないけど、みなさん、交渉結果に満足されます。

私（筆者：サラ）はかつてコンサルタント事務所で働いていましたが、そのときに同じような経験をしました。当時、私は上級編集者で、ビデオの台本、事例研究、ワークブック、指導マニュアルなどを含む大規模なトレーニング・プログラムをまとめていました。納期が迫っており、事務所の文書処理部を完全に頼りきっていました。しかし、資料配布時期の直前に、文書処理部がかなり大きなまちがいをおかしてしまい、配布が遅れてしまったのです。

何とかその問題が片づいたあと、私は文書処理部の責任者とその上司との会合を希望しました。部屋に入ったとたん、そのふたりが今回のことの責任を全部とらされるのだと思って、戦いを覚悟している様子がうかがえました。そこで、私は「あなたたちが仕事をだいなしにして、私に恥をかかせた」と責めるような立場をとるのではなく、静かで融和的な声で、自分の「利益」について語りました。何が悪かったのかを知りたい。そうすれば、このプロジェクトを運営している人たちに説明できるからと。今後、同じような状況におちいらないようにするためには、どうしたらよいのかを知りたいのだと。私が攻撃するつもりのないことを知ると、ふたりはリラックスしました。そして、私たち3人は今後どのようなやり方にするかについて、いろいろと意見交換をしました。声を荒げることもなく、いやな思いをすることもなく、今後のことについて同意に達したのです。こうして仕事の生産性を向上させただけでなく、私は文書処理部の責任者とよい関係を築くことができました。このように協調的な交渉を行なうことで、不安の原因を少しはなくすことができるでしょう。

しかし、どんなにうまく交渉しても、実は、同じ状況の男性と比べると、女性の得るものはたいてい少ないのです。それは、本来手に入るはずのものを、女性が求めないためです。さらに、交渉相手が女性に対しては、あまり譲歩してくれないためです。それは、なぜなのでしょうか。次の6章では、こうしたことについて考えてみます。

6章　交渉結果が低い理由——その克服のために

男性は女性よりも経済的な資源をたくさんもっています。給料、資産、有価証券、そして遺産。さらに、経済的でない資源も男性にはたくさんあります。たとえば、余暇時間。ある研究によると、ともにフルタイムで働いている夫妻でも、女性が家事と育児のかなりの部分を担っており、自分のための時間はあまりないということです[22]。この原因について、社会学者や歴史学者などがそれぞれ説明していますが、筆者たちは交渉も重要な役割を果たしていると考えています。女性は今以上のものを男性ほど求めないし、交渉しても得るものが少ないのです。これは、特に「分配交渉」と言われるものにあてはまります。分配交渉というのは、昇給や車の値段のように、一つの事柄について話し合うものです[16][158][228][230][274][276]。

序章では、初任給を交渉しないと、どのくらいの損失が生じるかを紹介しました。しかし実は、交渉するだけでは十分ではありません。交渉をうまく進め、たくさん手に入れるということが大切なのです。アメリカの有名大学で、ＭＢＡを取得した人たちの一年目の給料を調べた研究がありま す。その結果、男性の給料は、最初に企業から提示された額よりも平均４・３％高いのに、女性の場合には、交渉しても２・７％しか高くならなかったことがわかりました[103]。つまり、一回の交渉で男性は女性よりも59％高い給料を得ることになったのです（４・３は２・７よりも59％高いということです）。もし交渉を重ねるごとに、いつも男性が女性より59％高い昇給を得るとしたら、定年までのあいだに、男性は女性よりもはるかに多く稼ぐようになっているでしょう。

なぜ女性は男性と同じように交渉しても、少ないものしか手に入らないのでしょうか。それは、女性が少なめに求めるうえに、譲歩するのも早く、譲歩の回数も多いためです。この章ではこの問題について考えてみましょう。

ポイントは目標

なぜ男性は女性よりも交渉がじょうずなのでしょうか。実は、交渉の際にもっている「目標」が、ポイントなのです[230][274]。男性は女性よりもたくさんのものを得ようとして交渉に入り、たくさんのものを求め、そして、たくさんのものを獲得するのです。ダイエットの研究や依存症からの回復を扱った研究では、目標設定と結果が関係しており、明確で取り組みがいのある目標が結果を向上させることがわかっています[181]。同じことが交渉にもあてはまります。高い目標をもって交渉を始めた人は、目標が中くらいの人よりもほしいものをたくさん手に入れる傾向があるのです。たとえば給料交渉の研究では、目標を30％高めると、交渉で得るものが少なくとも10％増えることが示されています[230]。つまり、ある人の給料交渉の目標が5万ドル（約550万円）で、別のある人の目標がそれよりも30％高い6・5万ドル（約715万円）のとき、交渉の結果、5万ドルを考えていた人が5万ドル（約550万円）を得たとしたら、もうひとりの人はそれよりも10％高い5・5万ドル（約605万円）を得るということです。

目標が高いと交渉結果がよくなるのは、なぜでしょうか。それは、目標が「最初の提案」を左右し、そして、いつ譲歩するかに影響を与えるからです。最初の提案はチェスの最初のコマのようなものです。プレイヤーの意図を伝え、その人がどんなプレイヤーかをあらわし、その後に続くすべての前ぶれとなります。最初の提案によって、交渉相手はこちらがどこまでなら受け入れるかという予測をします。こうして最終合意も最初の提案に影響されたものになるのです。

目標と最初の提案には一対一の関係があります。目標が1ドル高くなると、最初の提案は1ドル分高くなるのです。このように目標が高くなるほど最初の提案も高いものになり、そして、最初の提案が高くなるほど交渉結果も高くなる傾向がみられます[m]。

高い目標がないと交渉を誤ることがよくあります。あまりに多く譲歩し、あまりに早く譲歩してしまうのです。これが、目標が高いほうが交渉結果がよくなるという二つめの理由です。目標が中程度の人は早く譲歩しがちなのに対し、目標が高い人は長い時間ねばり、多くのものを手にします[100][307]。交渉するときに「最低ライン」、つまり、受け入れ可能な最低限のものだけを考えている人は、提案がそのラインと同じ程度になるとすぐに譲歩してしまうのです[100]。

ある女性（38歳）は、家を買うときに行なった夫との交渉について語りました。

気に入った家が二つありました。そのうちの一軒を買ったのですが。今から思えば、もう一軒の家のほうがずっとよかったような気がします。でも、夫はその家が好きではなくて、今の家をほしがっていました。だから買ったんです。でも、あっちのほうがいいって、もっとがんばればよかったかなと思ったりします。私が選んだ五軒の中の一軒を、夫が気に入ってくれたので、それで満足してしまったんです。

彼女の目標は最低ラインと同じところにあったのです。それは「自分の気に入った家の中からどれかを買うことに、夫が同意してくれる」というものです。もし彼女がもっと高い目標、たとえば「夫が、それぞれの家の特徴を比較して、なぜ彼女がその中の一軒を気に入っているのかという理由を理解する」というような目標をもっていたら、そんなに早く譲歩しなかったでしょう。もしそうしていたら、何年もたったあとで「あっちのほうがよかったのに」と後悔することなどなかったかもしれません。

逆に、最高の可能性を得ようとして交渉に入る人は、長くもちこたえる傾向があります[100]。テレビ番組プロデューサーの男性は、妻の転職にあわせて、シカゴから西海岸の小さな都市にひっこしました。シカゴでは賞をもらったこともあり、新しい都市でもすぐ職をみつけることができました。小さな都市なので、以前ほどの給料は無理だろうと思いながらも、そのテレビ局がライバル局とシェアをめぐって熾烈《しれつ》な競争をくり広げていたので、給料交渉の際に8・5万ドル（約935万円）と言ってみたのです。実のところは、たぶん6万ドル（約660万円）か、よくても7万ドル（約770万円）くらいだろうと思っていたようでしたが。そして、先方のマネージャーが驚いて飛びあがったとき、彼は譲歩するかわりに「今の市場で、私はそのくらいの価値があるはずです」と言ったのです。マネージャーは頭をかきつつ、彼の言う値のままの給料に決めたのです。もし彼がもっと少なめに求めていたら、手にしていたのはもっと少ない額だったでしょう。また、マネージャーが抵抗したときに引き下がっていたら、やはり少ない額しか手にしなかったでしょう。

こんなに男女で違うのはなぜ?

どのような交渉でも目標を高く設定すると、よい結果を得るようになります。しかし、女性は男性ほど意欲的な目標をもたず、最初の提案もひかえめで[16]、譲歩も早いという傾向があります。同じような状況での交渉目標を男女で比較すると、男性の目標は女性のものより15%高いという報告もあります[230]。給料交渉の場面をみると、女性の目標が低いために給料が低くなるというのが常なので、男女が同じくらいの目標を設定すると、賃金における男女格差はほとんどなくなるだろうと言う研究者もいるくらいです[274]。

しかし、なぜこのようなことが起こるのでしょうか。これまで、自分の価値がわからない、人間関係への懸念、制裁の恐れということを考えてきました。この章では、女性は男性ほど交渉を楽観的に考えていないということ、リスクをおかすのを恐れているということ、交渉能力について自信をもっていないということ、この3点について考えてみましょう。こうしたものによって、女性は目標を下げ、簡単に手に入るものだけを求めてしまうのです。

楽観主義——それが男性に力を与えているらしい

ある女性は、男性がたくさんのものを求めるのは、頭に描いているパイがずいぶんと大きいせいではないかと考えています。これを裏づける研究があります。ビジネス専攻の男女学生にある想像上の管理職の職務内容をみせ、その会社がその職位に支払う給与額の最高値はどのくらいかを推測させます。その結果、男子学生は女子学生よりも、はるかに高い額を答えたのです[152]。たくさんのものが得られるだろうという楽観的な考えは、交渉のテーブルにつくときに、男性に大きな強みを与えます。彼は自分が交渉で有利な立場にいると（よくも悪くも）思っているので、積極的な目標をもち、極端に高い提案を最初に示し、さらに譲歩もあまりしません。そうして、交渉の結果、自分に有利なものを引きだすようになるのです。

なぜ男性は楽観的なのでしょうか。そのヒントになるものに、「リスク評価」というものがあります。これは、物質（核廃棄物、アスベスト、水道）、活動（日焼け、食品への放射線照射、化石燃料の消費、飛行機による旅行）、公衆衛生や安全への脅威（食品のバクテリア、エイズ、テロ）などには、どのくらいのリスク（危険）があると思っているかという問題です。研究によると、化石燃料の消費以外のこうした問題に対して、男性は女性よりリスクが低いとみなしているということです［175］［260］。しかし、この男女差は生物学的な違いが原因ではないようです。というのは、人種で比べると、白人は非白人よりリスクが低いと思っているという結果もでているからです。つまり、リスク評価には社会政治的なものや文化的なものが影響していると考えられます。白人男性はあまりリスクを感じていないのですが、その理由は、現代の科学技術や生産消費活動のほとんどは、彼らが生みだしたものであり、利用しているのも彼らで、その恩恵を受けているのも彼ら自身だからと考えられます。一方、そうしたことにかかわる度合が低い女性と非白人男性は、世界を危険なものとみなしているのでしょう。というのは、女性と非白人男性は、自分の住む地域や自分の生活に起こることを、コントロールする力をあまりもっていないからです［260］。

同じように、資源を利用できる可能性について、女性と男性は異なることを学んでいると考えられます。男性は生まれてから死ぬまでのあいだ、女性よりも多くの経済的資源を得ており、そのせいでたくさんのものを期待するようになっているのかもしれません。また、今の社会では、実際に男性が利用できるものがたくさんあります。そのために、男性は多くのものが自分には利用可能なのだと思い込んでいるのかもしれません。こうした楽観主義が、交渉にももち込まれるのです。地方裁判所判事の女性は、訴訟にかかわっていたときのことを思い出して語ってくれました。「裁判前の交渉で、ほとんど意味のないようなことでも、強く主張し続ける男性がいます。しかし、どんなにばかげた立場でも、それにしがみついていれば、反対側はそれを受け入れざるを得なくなるので、有利になることもあるのです」。

しかし、同時に彼女は、「ただし、反対側の弁護士が裁判にもち込もうとしていたら、そうした男性も不利になる可能性がありますね」とも語ります。この話は、男性の楽観主義的な考えが、交渉でマイナスにはたらく場合もあることを示してくれます。男性は自分の選択したものを過大評価してしまい、時にあまりに高いものをめざすために、合意に達しないまま交渉を終えることがあります[230]。これは男性のまずいところでしょう。合意に達すれば、たいてい何かが手に入るのですから。この点では女性の交渉方法はすぐれています。このことについては8章でも詳しくみていきます。

情報が力を与えてくれる

女性は楽観主義ではありません。そのため、交渉が始まる前に、自分で自分の運命を決めてしまうのです。そして、女性は少なめに求めます。少なめに求めれば、それ以上のものは手に入らないでしょう。スポーツクラブの受付をしている女性は、あるときマネージャーから、日程調整と個人トレーナーの監督の仕事をしてくれと頼まれました。そして、給料はいくらほしいかとたずねられたのですが、そのとき、彼女は「完全に交渉をやりそこなって、自分をすごく安く売ってしまいました。個人トレーナーは、時給にすると、当時の私よりもずいぶん稼いでいました。それで、個人トレーナーの額でお願いしますと言ってしまったのです。当時の私には、すごくよい給料のように思えたんです」。マネージャーはそれよりももう少したくさん払うと言いました。新しい職務は個人トレーナーの監督なので、その人たちの給料より高いのが当然なのだと。彼女は自分の新しい役割がどのくらいの価値をもっているのかについて考えておらず、それまでの受付係の給料のことしか考えていなかったのです。そのため、彼女は交渉の目標をかなり低いところにおいてしまいました。マネージャーはよい人だったので、彼女の言った額よりも高い給料を払ってくれたのですが、もし彼女自身がもっと高い目標をもっていたら、もっとたくさんの給料を手にすることができたでしょう。次の交渉のときには、同じ職務についている人たちの給料の相場を調べ、その情報を使って、どのくらいほしいと言うべきなのかを考えると彼女は語っています。これは正しいやり方です。研究によると、市場の情報や外部のガイドラインを使って目標を設定することで、女性の行なう交渉の結果は大幅に改善されるとのことです[230]。

さらに、情報を利用することで、交渉結果の男女格差も解消されるかもしれません。それを示した研究を紹介しましょう。大学生を二つのグループに分けて交渉に参加してもらいます。一つのグループには最低ライン（売り手には受け入れられる最低額、買い手には払える最高額）を与え、もう一つのグループには最低ラインと目標（交渉でねらう額）を与えます。その額は男女で同じものでした。こうして交渉してもらったところ、最低ラインのみを与えられた学生の中で、女性の買い手は男性の買い手よりも臆病な値の目標（10％の差）を設定し、交渉が終わったときの金額も悲惨なもの（27％の差）となってしまいました。しかし、最低ラインと目標の両方を与えられた場合、交渉後の金額に男女の違いはなかったのです[230]。

この研究結果から、男女が同じ目標をもって交渉に入れば、交渉結果も同じようになるかもしれないと考えられます。目標は男女の違いを生む原因の中でも重要なものです。もし交渉を始める前に、時間をかけて「高いけれど到達可能な目標」の情報を入手すれば、交渉結果はよいものになるでしょう。

危険手当――男性はリスクをおかしてチャンスを得ているらしい

リスクをおかすということは、できるだけたくさんのものを得るチャンスをつかむということです。男女を比べると、男性のほうが気楽にリスクをおかすことができるようです。世界各地で行なわれた研究から、男性に比べると、女性は身体的なリスクのある活動をあまりしないことが示されています[31][87][146][242][278]。一方、男性は刺激を求める欲求が強いようです。たとえば、スリルと冒険を求めたり、今までとは違う経験をしたいと思ったり、快楽を求めたり、逆に退屈を嫌ったりというように[312][313][314]。

また、社会的なリスクのある活動についても、男性と女性では違うアプローチをとるようです。男性は社会的にリスクのある状況をチャレンジだとみなし、勇気をふるって参加するのに、女性はそうした状況を脅威とみなし、避けようとすることが多いようです[4]。交渉はその性質からして拒絶や失敗の可能性があり、ある程度の社会的リスクを伴っているので、女性にとって脅威となるのです。交渉によって人間関係をダメにするかもしれないという恐れもまた、女性にとっては社会的なリスクになるのでしょう。

女性は社会的なリスクを恐れているために、男性よりも注意深く行動するのだろうと心理学者は考えています。女性は用心深いあまり、子どものころからルールを破ったり現状に挑戦したりすることをせずに、成長したということでしょう。そのため、交渉においても、リスクをおかせば成功する可能性があるということに気づいていないのかもしれません。

ところで、男性がリスクをおかすのは、生物学的な要因が関係しているかもしれないという研究報告があります。たとえば、男性のテストステロン（男性ホルモンの一つ）のレベルと支配行動です。支配行動は権力や地位、報酬を得るためのものです[194]。治療でテストステロンを注入された男性は、その直後から、テストステロンのレベルが再び下がるまでの数日のあいだ、自信をもち、積極的になり、いつでもリスク行動をとれるような気分になったそうです[277]。男性運動選手のテストステロンのレベルは、大会前に上昇します[29][195]。この急激な上昇によって、選手はリスクをとる覚悟を決めるのだろうと言う研究者もいるし[72]、また、身体調整や精神機能、集中力が高まるのだろうと考える研究者もいます[155][159]。さらに、ある研究によると、テストステロンのレベルは勝者では高いままで、敗者では下がるようです[29]。リスクをおかして

成功し報酬を得ると、男性はテストステロンが高いままという状態になり、そして、これが次のリスク行動を誘発すると考えられます。また、ある研究によると、俳優やプロのアメフト選手、消防士のように、リスクがたくさんあるような職業についている男性は、聖職者や医師のようなあまりリスクのない職業の男性よりも、テストステロンのレベルが高い傾向があるそうです[71]。女性もまた、量はかなり少ないものの、テストステロンをもっています。しかし、女性のテストステロンのレベルとその行動との関係については、一貫した関係がみいだされていません[194]。

しかし、こうした研究結果については疑問もだされていますし、テストステロンが原因でこうした行動が生じるという確証は得られていません。ただ、これらをもとに、テストステロンと交渉の関連について考えてみてもよいかもしれません。もし、交渉は戦いだと思うことで、男性のテストステロンのレベルが上がるのだったら、そのため男性は自信を強め、高い目標を設定し、最初の提案を意欲的なものにするでしょう。そして、リスクをおかして、できるだけたくさんのものを得ようとするのかもしれません。いったん交渉が始まっても、有利にことが運び、勝利を感じれば、テストステロンのレベルは高いままとなります。そして、楽観的な見通しのまま、思考能力や集中力が高まり、高い目標に向けて合意をとろうとひき続きがんばるようになるのかもしれません。しかし、女性は同じような状況におかれても、生物学的な「リスク促進剤」[277]の助けがないので、それほど意欲的な目標を設定することもないでしょう。また、社会的なリスクを恐れ、早く妥協してしまうと考えられます。あるいは、交渉相手の男性がテストステロンによってかりたてられ、自分の目標を主張し続けるので、女性は譲歩せざるを得ないのかもしれません。

しかし、ここにも男性のかかえる問題があります。先ほど、男性は楽観主義なゆえに、目標が高くなり過ぎ、結局のところ、本当だったら得られるものも失ってしまう危険性があるとお話ししましたが、テストステロンのために忍耐力を失った男性は、物事の決定がお粗末《そまつ》になるという危険性もかかえています[277]。交渉においても、うまく合意できなかったり、攻撃的な行動をあからさまにすることで、人間関係の問題をかかえてしまう状況に陥るようになるかもしれないのです。

自信――ここにも男女のギャップが

低い目標。低いところでの合意。それらは、交渉する能力に自信がないために起こります[11]。交渉は苦手だと思い込んでしまい、高い目標は無理だと最初から考えているのです。人（男女ともに）は何かをするときに、うまくできるという自信が強いほど、高い目標を設定し、その目標に到達しようとがんばり続ける傾向が強くなります。強い自信をもつ人はゲームでも残り続けます。その人たちは、ほしいものを手に入れるやり方をみつけようとするのです。一方、自信のあまりない人は、すぐにあきらめてしまいます[13][14]。自信がないために、自分の意見を曲げないということができないのです。そして、一度か二度試みるだけで譲歩してしまうのです。

ある外科医の女性は、初めての子どもを出産する前に育児休暇を申請しました。病院の規定には、出産後の六週間を休暇とし、そのほか夜間・週末勤務を四か月免除するとあります。しかし、彼女が部長に休暇を申請したとき、部長はスタッフが不足しているので、夜間・週末勤務の免除は二か月だけにすると言ったのです。もう一度頼んでも断られたので、彼女はそれ以上頼もうとしませんでした。二か月休んで、それからいつもの厳しいスケジュールに戻るしかないと考えたのです。しかし、彼女は私（筆者：リンダ）の友だちです。私は、病院の規定通りの待遇を受ける権利があるとアドバイスしました。彼女はもう一度部長のところに行き、四か月の免除期間をとることに成功しました。彼女は交渉する自信がないため、あまりに早く譲歩してしまったのです。多くの女性と同じように。

自信の強さは状況によって変わります。特に女性の場合には[173]。活動内容によっても自信は変わります。女性が強い自信をもてる活動もありますが、男性のものと思われている活動については、自信がもてないようです[24]。交渉は、特に自分のために行なうような場合には、男性の活動とみなされるのでしょう[163]。というのは、交渉というものが、女性に期待されていること（他者志向、無私）よりも、男性に期待されていること（自己宣伝、攻撃的）と一致しているからです。そして、筆者（リンダ）の行なったインターネット調査では、自分の交渉者としての能力についての評価には男女で違いがあり、女性よりも男性のほうが自分の能力を高く見積もるという結果がでていました[11]。

自信をもつにはどうしたらいい？

どうしたら、女性は自信をもてるようになるのでしょうか。そのヒントになる研究があります。その研究は、まず交渉結果に男女で違いがあることを確認し、その後、参加者（学生）にあるトレーニングを受けてもらい、性差がなくなるかを検討したものです[274]。

最初に教室で、給料交渉の際に役に立つ方略について、四時間のトレーニングを行ないます。その後、それぞれの学生に架空の職について給料交渉をしてもらいます。研究協力者がその会社の人事担当者という役割を演じます。この協力者は何人かいますが、全員がまったく同じ脚本を使います。この交渉では、目標における男女差（男性のほうが高い）が、交渉結果の男女格差（男性のほうが高い給料を得た）に対応していることがわかりました。

その後、学生は二つのグループに分かれ、二時間のトレーニングを受けます。一つのグループは「目標設定」について学び、もう一つのグループは「自己管理テクニック」について学びます。目標設定トレーニングでは、能力が試されるくらいの意欲的な目標を設定すると、交渉の成果が向上することを学生に教えます。そして、給料交渉にふさわしい目標を設定するやり方を説明します。しかし、目標額については話をしません。単に、積極的な目標を設定する方法を教え、そして、積極的な目標が大切なのだと強調するだけです。自己管理トレーニングでは、次のような自己管理原則を教えます。それは、「どのようなときに不安やストレスが生じるのかをみきわめ、障壁をあらかじめ予測しなさい」「不安を引き起こすような状況への対処方法を習得し、壁を克服するよう計画をたてなさい」「自信をつけるために、誰かと一緒に練習をしなさい」というようなものです。また、交渉目標を設定する際には、あらゆる結果を想定し、その優先順位を考え、得られるものをみきわめ、ねらいどころと受け入れる最低ラインの両方を決めるようにうながします。さらに、交渉の進展を把握し、交渉の成果を自分で祝うように伝えます[106][274]。

この研究を行なった経営学者は、こうしたトレーニングによって自分が交渉をコントロールしているのだという感覚が高まり、交渉結果がよいものになるのではないかと考えました。自分がかなりコントロールしていると思えば、学生は自信をもち、努力やがまんをするようになり、高い成果につながるだろうと考えたのです[274]。

このトレーニングのあと、学生はもう一度交渉を行ないます。目標設定トレーニングを受けた学生は目標が高くなり、交渉結果もよいものになりました。しかし、男女とも目標がほぼ同じだけ高くなったので、交渉で得た額もほぼ同じくらい高いものになり、交渉結果における男女格差はなくならなかったのです。結局のところ、いつものように男性は女性よりもよいものを手に入れることになりました。このことから、目標設定トレーニングでは女性の交渉結果がよくなるものの、もし男性も同じトレーニングを受けたら、男女格差はそのまま残り続けるということがわかります。

これに対して、自己管理トレーニングを受けた学生では、びっくりするような結果が得られました。このトレーニングでも、交渉の結果、給料額は男女ともに高いものになりましたが、女性のほうがその上昇の幅が大きかったのです。そして、交渉結果における男女格差がまったくなくなりました。これはなぜでしょうか。研究者が考えたように、自己管理トレーニングによって、交渉についてのコントロール感が高くなったのでしょうか。これを確認するために、研究者は学生のコントロール感をトレーニングの前後で測定しています。その結果、女性のコントロール感のレベルは、トレーニング後に非常に高くなっていましたが、男性では変化がありませんでした。これは、男性のコントロール感がトレーニング前にも、かなり高いレベルだったためでしょう。つまり、女性が「自分で交渉過程をコントロールしている」という感覚をもつようになると、交渉結果に男女差がなくなると考えられます。この研究に参加した学生は、最初のトレーニングで交渉に必要な方略を学びました。この学生たちのように、交渉で必要な方略は知っているが自信がないという女性や、その知識を実践で使うスキルのない女性は、自己管理トレーニングによって知識を行動に変えることができるでしょう[274]。

私（筆者：リンダ）はこのトレーニングを利用して、女子学生のために研修会を開きました。研修会では、女性がほしいものを手に入れようとするときに、何が壁になるのかを明らかにするように伝えました。そして、その中のどれが現実のもので、どれが想像したものかを確かめるようにさせたのです。私はこの本で書いているようなアイディアを学生に伝え、自分が交渉過程をコントロールしているという感覚を高める方法について語り、そして、日常生活で実践してみるようすすめました。

成果はすばらしいものでした。その中のひとりの例を紹介しましょう。その学生は、夫と一緒にエアコンを買ったときのことについて話してくれました。彼女は、3台買うので、15％値引きしてくれないかと店員にたずねたのですが、店員は無理だと答えたそうです。研修会に参加する前ならば、そこで引き下がったのでしょうが、そのときの彼女は10%ならばどうかと、もう一度たずねたのです。店員は承諾しました。その後、エアコンが家に届けられたのですが、それは明らかに誰かが使ったものでした。彼女は店に電話し、その品を引き取って、新しいものを配達するようにと言いました。そして、このトラブルの迷惑料として、さらに10%値引きしてほしいと言ったのです。店はその値引きに同意しました。驚いたのは夫です。彼女はけっして声を荒げず、訴えるぞと脅すこともなく、きつい言葉も使いませんでした。彼女が自己主張するのを、これまでほとんどみたことがなかったので、最初はあぜんとしたものの、大喜びしたそうです。静かにそれを求めたのです。夫は彼女が自己主張するのを、これまでほとんどみたことがなかったので、最初はあぜんとしたものの、大喜びしたそうです。

彼女以外にも研修会に参加した女性たちは、同じようなことを報告してくれました。彼女たちは現状をそのまま受け入れるのをやめ、挑戦を始めたのです。交渉で高いところをめざすようになり、あまりにたくさん、あまりに早く譲歩するのをやめました。そうして彼女たちは、これまで自分を押さえつけていた障壁を打ち破れるようになったのです。チャンスを切り開き、よりよいものを求めて交渉するようになりました。その後も彼女たちは、さまざまな場面で自分の生活を取り巻くものを吟味し、どのようにしたらよくなるのかを考え、これまで与えられてこなかったものを求めているようです。もちろん、いつも望みのものを手に入れているわけではありませんが、簡単にあきらめもしません。そして、たいていは現状よりもよいものを手に入れているのです。そして、おそらく一番重要なのは、「自分の人生やキャリアを自分でコントロールしている」という自信であり、それに満足しているということでしょう。

時に、女性は男性と違う目標をもつ

ところで、女性の交渉目標が低いのは、目標そのものが男性と異なっているからという理由もあります。自信がないのではなく、危険な目にあうかもしれないと恐れているのでもありません。男性の目標と異なっていると言っても、重要ではないというのではなく、単に違うということだけです[144][162][163]。たとえば、フレックスタイムの導入や勤務時間の短縮などを要求するのは、「よい母親になる」ためという場合があります。多くの女性がこうした目標をもっており、その達成のために、職務責任の増加や昇給、昇進のチャンス拡大というような仕事上の目標を犠牲にもします。しかし、本当に、それらは犠牲にしなければならないのでしょうか。実は、自分で思っているほど、犠牲をはらう必要はないことが多いのです。

ソーシャルワーカーの女性は初めての出産後、再就職しました。そのとき、彼女は勤務時間さえ希望通りになれば、娘を保育所に迎えに行けるし、学校に通ったり、自分のために時間を使ったりできると考えていたのです。しかし、自分があまりに高望みしていると思い込んでしまい、希望の勤務時間に同意してくれた最初の職場に就職を決め、提示された給料額を交渉することなく受け入れてしまいました。自分の都合で勤務時間を変えてもらうのがたいへんなことのように思えて、彼女は仕事の面で考えていたほかの目標をすべてあきらめてしまったのです。確かに、娘と一緒に過ごす時間がほしいという目標は、すばらしいものです。しかし、そのためにほかのものをあきらめる必要があったのでしょうか。

アメリカの働く成人女性の中で、労働時間が週に35時間以上の人は71%しかいません[*1][n]。残りの女性の多くは何らかの目標のために労働時間を減らしています。しかし、労働時間を減らす代償に、何かを失っているのではないでしょうか。そして、今までお話してきたように、こうした選択は大部分が社会によって、つまり、ジェンダー規範によってつくられたものなのです。それは女性だけでなく男性の選択をも阻んでいます。たとえば、男性が短時間労働にしたいと言っても受け入れられないように。さらに、女性の短時間労働者が多いのは、フルタイムの仕事がみつけにくいためというのもあるでしょう。

目標が違うからといって、目標を低くする必要はありません。意欲的な目標をもって交渉に入れば、よいものを得ることができるのです。望みが何であろうと、目標を高くすればそれに集中し、自分の立場を守り通し、そして、多くのものを得られるようになるでしょう。

これで終わりではありません　もう少し…

ここまで読んで、「目標を高くし、自信をもつ」のが大切だということに気づいてくださった方

＊1　［訳者注］日本の女性の短時間労働の現状：日本では、雇用されている女性の中で、労働時間が週に35時間以上の人は、二〇〇三年で59・3％（厚生労働省ホームページより）。

も多いでしょう。しかし、残念ながら、それだけでは十分ではないのです。女性の地位はずいぶん高くなってきました。しかし依然として、雇用主によっては男性に対するほど女性に対して譲歩してくれない人もいます。さらに、女性の賃金を男性よりも低くしている雇用主も多いのです。次の7章ではこうした問題について考えてみます。

7章

女性への厳しい制限——その克服のために

交渉が起こるところ――企業、政治、商売、家庭などなど。そこで争っている問題――価格、投票、誰が皿を洗うかなどなど。交渉している人たちの役割や地位、人間関係――上司、顧客、販売員、配偶者などなど。こうしたものすべてにジェンダー規範が影響しています。この章では、どうして人は女性に対して当然のように厳しい制限を課すのか、どうして人は女性に譲歩を強制し、少ないものを受け入れさせようとするのかについてみていきましょう。

相手が女性なら、多めに要求せよ　そして譲歩は不要

人は男性よりも女性に対して、厳しい態度をとることがあります。たとえば、自動車販売店の販売員は、女性の客に対して、男性客よりも常に高い価格を見積もります。それを明らかにした研究では、いろいろな人に「買い手」になってもらい、そして、みんな同じ脚本にそって行動するように訓練を受けてもらいます。販売店では買い手全員が同じタイプの車の購入をめぐって交渉します。買い手になった人々は、年齢、学歴、魅力、服装などの点でさまざまだったのですが、その中で、見積もり額に違いがあったのは、女性か男性かということと、黒人か白人かということだけでした。三百回以上のケースで、常に女性は男性よりも高い見積もりを受け取り、さらに、アフリカ系アメリカ人は、はるかに高い価格の見積もりを受け取っていたのです[○][9]。つまり、自動車の販売員は、

女性とアフリカ系アメリカ人を相手にした交渉で、高額の提案をまず行なっている（あるいは、そのように訓練を受けている）ということです。前に述べたように、最初の提案が高いということは、目標も高いということを意味します。つまり、販売員は女性とアフリカ系アメリカ人に対して、目標を高く設定していると考えられます。目標が高いと交渉結果も高くなる傾向があるというのはお話しましたが、それをあてはめると、女性とアフリカ系アメリカ人は白人男性よりも車を高く買っているということになります。少なくとも、車の購入価格をめぐる交渉では、交渉を始める前から、女性とアフリカ系アメリカ人は不利な立場にたたされているようです。

さて、「最後通牒ゲーム」というものをご存知でしょうか。ふたりのプレイヤーが、たとえば10ドル（約千円）くらいの額のお金を受け取り、それを分けるよう求められます。ふたりのうちひとりは「提案者」となり、ふたりで10ドルをどのように分けるかを提案します。たとえば、「6ドルを自分に、4ドルをもうひとりに」というように。もうひとりは「反応者」で、その提案を受け入れるかどうかを決めます。もし反応者が受け入れれば、ふたりのプレイヤーは提案者の言う通りのお金を受け取ることができます。でも、もし反応者が提案に反対すれば、両者ともお金を受け取れず、ゲームは終わりとなります。プレイヤーはこのルールのことをあらかじめ知っています。このゲームからわかるのは、人々がどのように公平（フェア）というものを考えており、それがその人の行動にどう影響しているのかということです。もし公平というものを気にしないならば、人は自己利益にもとづくようになり、提案者は自分に9ドル99セント（約999円）、反応者に1セント（1円）というような分け方を提案するようになるでしょう。しかし、公平が考慮されると、提案者は、反応者が公平だと思って受け入れる最低額を考えるようになるでしょう。そして、反応者は提案を公平なものとして受け入れるか、あるいは、不公平だから、いっそ何も受け取らないほうがましだとするかのどちらかになります。

この「最後通牒ゲーム」を使って、交渉の場面での男女に対する態度を検討した研究がありま す。その研究では、ペアの片方に、相手の性別のみを知らせます。もちろん、そのふたりは顔をあわせません[263]。その結果、二つのおもしろい発見がありました。まず、女性提案者も男性提案者も、女性反応者に対して行なった提案は、男性反応者に対する提案よりも、少なめの額だったのです。それは、平均で12％少ないというものでした。つまり、女性も男性も「女性は男性よりも少なめでもそれを受け入れる」と知っているということです。3章で紹介したように、人々はほかの人からの期待によって大きな影響を受けます。つまり、女性は少なめでよいという期待が、少なめのものを受け入れろという強力なプレッシャーとなっていると考えられます。この結果のちょうど裏返しが、もう一つの発見です。それは、「もっと分け与えよ」と女性に要求するというものです。反応者は男女とも、男性提案者よりも女性提案者に対して、多くのものを提供せよと要求したのです。それは平均して42・5％も高いものでした。

「女性はあまりほしがらない」「女性は少なめのものを受け入れる」「女性は他人にたくさん与える」という期待がみえてきます。これは、筆者たちのインタビューでも確認されています。女性のほうが男性よりも交渉がうまいと思っていたのは、インタビューした中のたった16％だけでした。つまり、女性を相手に交渉するときは、男性を相手に交渉するときより、自分にとって都合のよい合意が得られるだろうと思っている人がかなりいるということです（もちろん、すべての人がそう思っているわけではありませんが）。そして、人はこの期待によって、女性を相手に交渉するときには、男性に対するとき以上に目標を高くし、最初の提案を厳しいものにし、相手に譲歩を強く迫る一方で、自分はあまり譲歩しないのでしょう。こうして、女性が交渉するのをむずかしくしているのです。さらに、人はたいてい自分でも気づかないうちに、こうしたことを行なっています。いずれにしても、女性に対して厳しい態度をとることで、女性が得るものは少なくなり、そのため、女性は男性よりも交渉がへただという思い込みは変わらず、そのまま残り続けるようになります。

とても成功している女性でさえ、こうした思い込みによって足をひっぱられています。ある地域でアートスクールを創設した女性（56歳）は、舞台芸術の世界では一目おかれ、州の文化を担っているひとりです。また、彼女の学校はさびれた工業都市の経済回復において大きな原動力にもなっています。にもかかわらず、彼女はビジネス界の女性に対する古い態度と、日夜戦わざるを得ない状況にあるのです。たとえば、彼女の学校がある歴史的なビルを買収して、そこに寮や練習室、事務室、ラジオ局を設置するという大きな計画をたてたとき、「たくさんの男性と一握りの女性がこれにかかわっていました。計画を考えて決めるのは女性なのに、表にでて、町の人々と一緒に仕事をしたのは男性でした。女性にはそれができませんでした」。彼女は、ビジネス界における女性の地位がなかなか向上しないのは、こうした人々の態度のせいだと思っています。「アメリカでは、平均的な男性でも、女性の10年先にいます。少なく見積もっても10年ですね。私は56歳ですが、40代後半の男性が経験していることを、今、経験しているのです」。

女性は権力をもてない

この女性の話からわかるように、成功している女性でさえ、ビジネスの世界で男性が到達しているレベルに達するのはむずかしいと感じているようです。その理由については、これまでにもいろいろと述べてきましたが、ここでは「社会的ネットワーク」を取り上げましょう。社会的ネットワークとは、同じ会社で働く人や他の会社で働く人とのつながり、つまり人脈のことです。このネットワークによって、いろいろなアドバイスを得ることができるし、チャンスがあるという情報も手に入るし、組織のこともよくわかるようになります。また、昇進の可能性も大きくなります[39]。

女性はネットワークをつくるのが得意だと思っている人もいるかもしれませんが、実は、大きな障壁にじゃまされ、そのスキルをうまく使えないことがよくあります。それは、職場のネットワークが男女で分かれていることが多いためです。男性は男性どうしで、女性は女性どうしでネットワークをつくる傾向があるのです[32]。多くの企業では男性が昇進や昇給の決定権を握っているので、そうしたものを手に入れるためには、男性のネットワークに入ることが大切になります。しかし、性別によってネットワークが分かれているために、女性は男性のネットワークから閉めだされ、男性ほどに恩恵を受けられなくなっています。

ネットワークは「道具的ネットワーク」と「友情ネットワーク」の二つに分けることができます。道具的ネットワークは、助言し合ったり、情報を交換したりという助け合いの場。友情ネットワークはもっと社交的なつながりです。この二つのネットワークが重なっていると、仕事の上でとても役立ちます。一般に、男性の道具的ネットワークと友情ネットワークは、両方ともほとんど男性だけでできています。これに対して女性の場合に多いのは、道具的ネットワークは男女両方、友情ネットワークはほとんど女性というものです[139][140]。そのため、女性と男性の道具的ネットワークでのつながりは、あまり強いものではありません。こうして、道具的ネットワークは、女性にとってあまり役に立たなくなっているのです。さらに、女性の少ない職場では、もっと問題が深刻になります。女性の少ないところにいる女性は、友情ネットワークに入っていても、そのネットワークの中は男性が多いために、周辺的なメンバーになりがちです。そうした周辺化はどうやら、好き嫌いというよりも、女性を排除するような雰囲気から生じているようです[200]。いずれにしても、問題なのは、道具的ネットワークで男性とつながっていても、その人と友情面でそれほどつながっていないとしたら、道具的ネットワークそのものもあまり意味のないものになるかもしれないということです。

問題は、ほかにもあります。男性は、比較的弱いつながりでもたくさんのネットワークを維持することで、かなりの恩恵を受けていますが、女性や少数民族、つまり、否定的なステレオタイプを克服する必要のある人たちは、弱いつながりからはあまり恩恵を受けていません[119]。弱いつながりというのは、知人だけど友人ではないというもので、お互いに親密なことは知りません。女性には、こうした弱いつながりではなく、強いつながりが必要なのです。職場には女性が少数しかいないという場合が多いし、さらに、昇進するほど女性の数は少なくなるので、男性以上に強いつながりが必要になると考えられます。強いつながりがあれば、性別にもとづいた偏見や期待、さらに自分の地位にむけられた疑問や批判にもたちむかえるようになります[140]。

たとえば、あまりよく知らない男性の頼みを気楽に聞いたり、推薦書を書いたりするような男性も、あまりよく知らない女性に対しては、そうしたことをするのをいやがります。それは、女性の能力や業績を低くみるという一般的な傾向のためです。男性がある女性のために何かをしようとするのは、その女性のことをよく知り、彼女の能力を完全に信頼してからなのです。つまり、つながりが強くなければならないのです。ある雑誌記事によると、メンター（指導役）が男性で後輩が女性のとき、メンターは自分を守るために、後輩女性には後輩男性よりも高い水準を求めるそうです[96]。また、ある男性は、上司に女性を紹介するときには、みんなを納得させるように何もかもを説明しないといけないような気になると言います[96]。多くの男性は女性に対する抵抗があることを知っているので、楽な道を選び、受け入れてもらえそうな男性を推薦するようになります。また、もし男性がその女性のやってきたことをすべてを説明しないといけないとしたら、強い結びつきがますます必要となるはずです。そうでなければ、すべてを知っているはずはないのですから。しかし、残念ながら、女性が自分をバックアップしてくれるような立場にいる男性と強い結びつきをもつことは、めったにありません。

ほかにも、企業の中での女性の地位向上を妨げているものがあります。それは「構造の結び目」と呼ばれるもので、ネットワークの中で潜在的な力をもっている立場を意味します。構造の結び目にいる人は、会社の中でお互いにつながりのない人たちの関係を保っています。この立場の男性はたいへん大きな力をもつことになります。みんなの知らない情報を手に入れたり、さまざまな人たちのスキルやアイディアを活用できたり、企業のいろいろな部署でうまく仕事を処理できます。しかし、女性がこの立場についても、その女性にとってはあまり意味がないようです[39]。むしろ、女性にとっては、ネットワークの中で力ある立場にいる擁護者をもつことのほうが役に立つようなのです。権力をもち、自分に重要な職務をまわしてくれる人で、昇進を後押しし、業績をちゃんと認識してくれるような人を擁護者にするのです。率直に言えば、女性は自分の代わりにたくさんのものを要求してくれるような力のある人がそばにいれば、うまくやっていけるということです。

しかし、なぜこんなにも男女で違うのでしょうか。こんな説明があります。男性が力を直接使うのはよいが、女性が同じことをすると拒絶される。つまり、女性が構造の結び目の立場にいると、それはジェンダー規範をおかしていることになるのです。そこで、女性は男性メンターか有力な男性の同僚を頼って、彼らに働いてもらわないといけないようです[39]。しかし、これもなかなかうまくいきません。人は自分でも気づかないうちに、女性の能力や業績を低く評価する傾向があるし、女性には経営者側の仕事をする能力がないと思い込んでいるので、女性のためにそのような役割をやってくれる男性はめったにいないのです[96]。ある学者は「たいていの職業には、地位の階層と多数の底辺労働者という特徴があり、その中で女性の位置は決められる。そして、そこで力をもつ人間は、女性を支援することもなく、伝統を打ち破るということもしない」と述べています[89]。女性は自分自身が力をもつこともできず、自分で自分のために交渉することもできず、自分の後ろ盾になってくれる擁護者もいないのです。

でも、他人のためならがんばれる

しかし、そう悲観することもありません。ある状況では、女性も自信たっぷりに積極的に交渉しています。それはほかの人をサポートするという場面です。他人のために何かをするという状況になると、女性はたいへん活発になります。広告会社に勤務している女性（38歳）は、自分のために上司に何かを要求するのは苦痛だが、若い人たちのためならば同じことが気楽にできると言います。実際に彼女は、部下の女性のために給料交渉さえしています。「若い人のためなら、写真をもっととらせてほしいと頼めるし、もっと給料を上げてやってほしいとも言えます」。でも、自分のことになるとそこまではできないと言います。子どもの権利擁護団体で政策プランナーをしている女性も、自分のために何かを要求するというのは、必要だとわかっていてもできないが、子どもたちのためならば法律をつくることさえ要求できると言います。

他人のために何かを求めるというのは、女性にとって心地よいことのようです。それは「女性は他人の利益や要求に対して責任をもたねばならない」というジェンダー規範と一致しているからなのでしょう。アシスタントとなって誰かを補助し、妻となって夫を支え、母親となって子どもを励ます、というように、女性はサポートする者としてずっと活動してきたのです[301]。

このように、女性が安心して何かを主張できるのは、他人のためというときなのです。2章でも紹介した「報酬支払い研究その1」（62ページ）は、女子学生と男子学生が課題を行ない、その後、自分はいくらほしいか、あるいは、同じことをした他人にはいくら払うかを決めるというものでした[44]。予想通り、女性は自分よりも他人にたくさん払い（48％多かった）、男性は自分よりも他人に少なめに払っていたのです（20％少なかった）。

おもしろいことに、自分が誰なのかが他人にわからない状況におかれると、女性も自分のために主張するようになります。時には男性以上に主張することもあります[302]。しかし、他人に自分の名前や性別がわかるような状況になると、そうした主張をしなくなるのです。これを明らかにした研究は、大学生に参加してもらって行なったものです。そこから若い女性のもっている権利意識が伝わってきます。つまり、若い女性は自分の行なった仕事にみあったものをもらえるはずだという権利意識はもっているのです。しかし、それを表だって言えないということのようです。ジェンダー規範のプレッシャーによるものなのでしょう。他人から否定的な反応を得るのではないかという懸念によって、自分のために大きなものを求めることができないようです[302]。

交渉の場面でも、同じような行動がみられます。筆者（リンダ）が、大学生二百人に協力してもらった研究を紹介しましょう[230]。大学生の半分には仮想の小売店主になってもらい、自分の店のホームページをつくるために、ホームページ・デザイン会社と交渉してもらいます。残りの学生は、デザイン会社のオーナーの役か、そのページを実際にデザインする学生の役かのどちらかにわりあてます。交渉は、小売店がホームページのデザインに時間あたりいくら支払うかという問題をめぐるものです。この研究の目的は、他人のために交渉するとき（デザイン会社のオーナーがデザインする学生のために交渉するとき）と、自分自身のために交渉するとき（デザインをする学生が、自分のために交渉するとき）で、女性と男性がどのように違うかをみることでした。その結果、女性は自分自身のための交渉のときに比べて、他人のための交渉になると14%も高い目標を掲げました。また、最初の提案も23%高かったのです。男性の場合にはその逆で、他人のための交渉に比べて、自分のための交渉のほうが10%も高い目標をもっていました。

筆者たちがインタビューした女性も、同じようなことを語っていました。こちらから特に質問したわけでもないのに、女性たちは他の人のために求めるほうが気楽だと語ったのです。幼稚園長の女性（36歳）は、仕事ではうまく交渉できると言います。「職業上の立場には大義がありますから」。リハビリテーション・カウンセラーの女性も、「他人のためなら虎にもなりますでも、自分のことになると羊です。自分のために何かするというのはどうもなじみません。子どものため、患者のため、他人のためなら、何だってできるんですが…」と語ります。

ジェンダー役割から解放されるとき

職業上の役割によって権力が行使できるとき、女性はジェンダー役割のしばりから自由になります。仕事の性質上、主張が必要なときには、女性も自由に主張できるのです。たとえば、地方裁判所の女性判事によると、女性弁護士や女性判事は法廷では自分の権威を気楽に行使できるといいます。役割の中に攻撃性が含まれているからです。女性が法廷の中で検事や弁護士、裁判官という役割を演じているときには、女性のジェンダー規範をおかしているとみられず、単に、その役割に必要なことをしているとみなされるのです。さらに、法廷では上下関係がはっきりし、従うルールがあります。しかし、法廷の外ではなかなかそうはいかないようです。たとえば、法廷外で女性弁護士が反対側の弁護士と交渉するときや、女性判事がそうした会合で仲裁しなければならないときです。このようなときには権力を示すものがなくなり、ルールもはっきりしなくなるため、女性は困難を感じるようになると言います。しかし、同じ立場におかれた男性は、日常のジェンダー役割の中に、積極的にふるまい、個人の力を行使するというものがあるので、それほどでもないようです。「男性の場合には、交渉のときにも、相手が自分の地位を認めてくれると仮定できます。でも、女性の私にはそういうのがまったくないのです」。

牧師の女性は高校生の女の子を養子にしていますが、その子の受けた停学処分が不当だと感じて、市の高等学校管理運営組織と交渉したときのことについて話してくれました。できるだけ強い態度で子どもを支援するために、彼女はプロテスタントの牧師が使っている襟を買い、それをダークスーツにつけて、校長や監督者、教員との会合にでたのです。そして、校長が牧師のファーストネーム(ヘザー)を使って「さて、ヘザー、あなたが気にしているのは…」と言ったとき、彼女はすぐに校長をさえぎり、「カーク・ディビッドフ牧師と呼びなさい」と言ったそうです。女性や親としてみられるときよりも、牧師としてみられるときのほうが、権力が大きくなり、強い意見が言えると彼女は説明します。このように職業上の役割や状況を利用して、女性は権力を行使するのです。

環境を変える

女性が力をもつのはたいへんだと改めて感じた人もいるかもしれません。しかし、女性に対するさまざまな制約は、社会的につくられたものだということを思いだしてください。それは、重力の法則や、足し算や引き算のルールのように絶対に変更不可というものではありません。男性や女性の役割というのは、私たちがつくったものなのです。ですから、もしわれわれが望めば、役割をなくすことも完全に変えることもできるはずです。何がよくて、何が悪くて、何がふさわしくて、何がふさわしくないのか。そうした考えは変えることができるのです。そして、行動も変えられるはずです。私たちは、人間の行動は生まれつきの性格によってつくられていると思い込んでいます[105]。生まれつきだから変えられないと思ってしまうのです。しかし現実には、環境が変わると人間の信念も行動も変わることがよくあります。

人は悲惨な状況におかれると、以前には思ってもみなかったことができるようになります。たとえば、生き残るために人肉を食べることさえもあるのです。文化のルールが変わり、それ以前には犯罪だとか反社会的だとかみなされていた行動が許されるようになると、温和でごくふつうだった人たちが、恐ろしい残虐行為にはしるようにもなります。たとえば、ボスニアの内戦で隣人を殺したり、ナチスの時代にはユダヤ人を大量虐殺したり…。逆に、とてもすばらしいことをする可能性もあるのです。映画でも有名になりましたが、オーストリアの実業家オスカー・シンドラー氏は、第二次世界大戦前にはそれほど成功していなかったし、戦後もたいしたことはしていません。貧しいビジネスマンで、浮気者でした。妻によると、怠け者で身勝手な男だったとのことです。しかし、戦争中、彼は勇気を奮いおこし、機知をはたらかせ、1千100人のユダヤ人の命を救ったのです。大きな危険にもかかわらず、犠牲をはらい、自分の命をかけ、そして、終戦時には一文無しの状態にまでなりました。なぜなのでしょうか。その時代、彼のそばには彼の内なる才能を呼びおこす人たちがいたからだと、妻は語ります［p］。シンドラー氏は英雄的行動をする能力があったのでしょうが、しかし、それが表にでるためは、適切な環境、適切な状況が必要だったのです。

この例のように、人の行動は環境に大きく左右されます。環境の中には、生まれ育った環境もあるし、現在生活している環境もあります。そして、現在の環境は変えることができるのです。

女性の目を通すと、違うものがみえてくる

これまで、人口の半分にあたる人々を残りの半分と区別して異なるように扱い、その貢献を過小評価することが、どのくらいの損失になるかについて語ってきました。ここでは、リーダーとして

の女性をみていきましょう。女性がリーダーの役割を担うようになると、貴重な変化が起こるようになります。それは、長いあいだ変化のなかった状況に対して、女性がこれまでとは違うアプローチをとるからです。女性は一般的な見解に対して疑問をとなえ、習慣的な考え方を新しい角度からみなおし、時にはもっとよいやり方がないかを考えるのです。

例をいくつかあげましょう。たとえば、ストレスについての研究です。つい最近まで研究者は、ストレスに対して人はみんな同じ反応をすると考えていました。危険を目の前にすると身体的な反応を引き起こし、危険をもたらしている原因と戦うか、あるいは、逃げるかのどちらかだと考えられていたのです。これは「闘争／逃避反応」と言われるもので、種の保存のために必要なものだと研究者は長いあいだ考えていました。男性が実験室でリーダーとなり、研究の方向や方法を決定しているときには、この考えに疑問を感じる人はいませんでした。しかし、女性が自分の研究の決定権をもつようになってから、あるふたりの女性科学者が、女性の同僚と男性の同僚が困難な場面でとる行動が異なっていることに気づいたのです。「よく言われることですが、実験室で仕事をしている女性は、ストレスを感じると、実験室にやってきて、掃除し、コーヒーを入れ、誰かと一緒にいる。でも、男性はひとりでどこかに閉じこもるってね」[201]。ふたりの女性科学者は、ストレス研究のほとんどが男性だけを対象にしたものだということに気づくと、女性も男性と同じように反応するのかを検討しようと決めました。

彼女たちの発見は他の研究者に衝撃を与えるものでした。女性も脅威にさらされたとき闘争／逃避反応を示すのですが、女性の身体はその反応の影響を消してしまうのです。極端なストレス状況では、オキシトシンというホルモンが血液中に放出されます。これは女性でも男性でもみられます。オキシトシンには鎮静効果があり、養育行動や社会的つながりに関連する行動を促進します。しかし、その効果はテストステロンというホルモンによって減じられます。男性は身体にテストステロンを大量にもっています。特に、ストレスがかかったときには多くなります。そのため、オキシトシンの放出は男性の闘争／逃避反応にほとんど影響をもたらしません。女性はテストステロンのレベルが低く、エストロゲンというホルモンのレベルが非常に高いのです。そして、エストロゲンはオキシトシンの効果を高めるはたらきをします。その結果、女性にみられるオキシトシンの放出は闘争／逃避反応を抑制し、社会的サポートを得ようとする傾向にむかわせるのです。ふたりの科学者によって発見された女性のストレス反応は、「世話と友情反応」と名づけられました[284]。

こうした男女の違いには、どんな意味があるのでしょうか。研究はまだ始まったばかりですが、「世話と友情

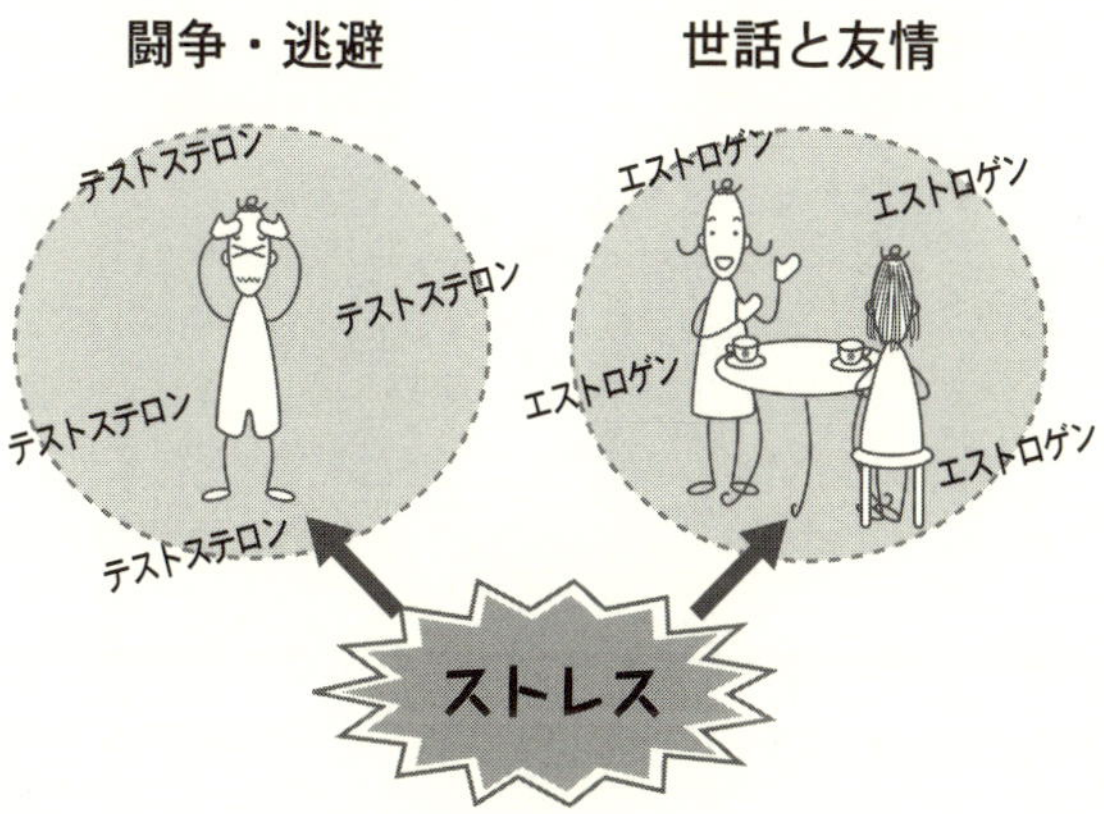

反応」は、たとえば、女性のほうが男性よりも長生きする理由を説明できるかもしれません。心疾患や薬物乱用、暴力、自殺、そして、事故やけがなど、たくさんのストレス関連障害に対して、女性はオキシトシンの鎮静作用のおかげで男性よりも耐性があるため、長生きするのではないかと言われています[284]。また、たとえば抱擁のような身体接触によって、オキシトシンが放出されることが示されています。つまり、ストレスにさらされたときに、社会的サポートを求めようとする女性の衝動は、たいへん健康的で適応的なやり方ということかもしれません。厳しい状況におかれると閉じこもってしまうような孤独な男性は、ストレスへの対処方法を変えたほうがよいということでしょう。そうすれば、健康が増進され、寿命も長くなるかもしれません。

また、アメリカでよく行なわれていたホルモン補充療法に、大きな危険があることが発見されましたが、これも女性が権力ある立場につくことでどんなことが起きるのかを示す例です。一九九一年、アメリカ大統領によって、女性のバーナディーン・ヒーレー博士が国立衛生研究所の所長に指名されました。当時、疾病の臨床研究から女性は常に排除されていました。たとえ、女性も男性と同じように、その病気にかかるとしても。女性の反応は男性とは違うことが多いので、そのため結果がはっきりとしなくなり、わけがわからなくなると考えられていたのです。女性の反応が違うのならそれを研究すべきだ、という考えは浮かんでこなかったようです。さらに、女性だけを苦しめている問題にいたっては、あまりきちんと研究されておらず、そうした疾病に対する数多くの治療法は、厳密な臨床試験にかけられたことがありませんでした。使われている治療法が本当に有効なのか、それとも効果がないのか、あるいは、ダメージをもたらすものなのか、誰も本当のところを知らなかったのです。ヒーレー博士は、女性の視点から国の健康問題にアプローチし、こうしたやり方に疑問を投げかけました。しかし、納得できるような回答が得られなかったので、彼女は変革を求めたのです[79]。

こうして現在のアメリカでは、男女両方に影響を与えるものを検討する場合には、必ず女性が含まれるようになりました。また、国立衛生研究所は、更年期の女性に対してよく使われていたホルモン補充療法のあるタイプのものは、乳がん、心臓発作、脳卒中、血栓のリスクを高めることを公表しました[q]。こうして、多くの女性の命が救われることになったのです。もちろん、ヒーレー博士が登場する前にも、非常に有能で善良なたくさんの男性、男女平等主義の考えをもった男性はいました[79]。また、男性がいたずらに女性に死を望んでいたわけでもないし、適切でない治療を受けさせたかったわけでもありません。単に、彼らの優先順位が異なり、仕事に対して異なった見方をしていただけなのです。

以上の二つの例からもわかるように、女性が大きな権力と影響力をもつ地位につくようになれば、女性の生活が向上するだけでなく、人類の知が増し、そして、何千人もの人々の命が救われる場合もあるのです。

8章

女性のように交渉する——統合的交渉のすすめ

男性は交渉するのが楽しいようです。ある男性（28歳）はインタビューの際に、トルコのバザールで買う気もないのに、ラグをめぐって1時間も交渉したときのことを語ってくれました。ゲームが好きだという彼は、交渉はゲームのようなものだと語ります。交渉そのもののためだけに、時間を費やしてもかまわないと。別の男性は「交渉中に壁にぶつかったら、それはゲームがまた始まったということです。ノックアウトされても、そこで立ち上がるということが大切なんです。それが本当のゲームというものです」と語ります。また、彼は「交渉のしろうと芝居みたいなところが好きだ」とも言います。電話を切ったり、ブリーフケースに書類を入れたり、部屋を出たり、交渉の最中に電話に出たりなど、芝居じみたことで交渉相手を恐れさせたり、不安にさせたりするのだと。彼にとって交渉はスポーツだそうです。また、別の男性（56歳）は、交渉のことを「大きな分析的ジグソーパズルだと思っている」と語ります。

こうした男性に対して、女性は交渉を異なる言葉で表現します。市会議員の女性（30歳）は「それは勝ち負けではないですね。『どうしたら目標に到達できるだろうか、そのために、今、この人とどういうふうに渡りあえばよいのだろうか』という感じです」。舞台制作マネージャーの女性は「自分の好きな交渉スタイルは、交渉に参加している人全員が討論に加わっているというようなものです。参加している人全員が『交渉の最終結果は自分がつくりだしたんだ』と思うようになったら、完璧《かんぺき》ですね。そうすれば、交渉結果が自分の要求にあうかどうかとか、もともと考えていたものに沿うかどうかとか、そんなこととは関係なく、全員が最終結果に納得するでしょう」と語ります。大学施設管理責任者の女性は、備品や設備をめぐっていつもうまく交渉しており、そして、なぜ交渉がうまくいくのか、その理由もわかると言います。

私はどんな人とでもとても仲よく仕事をします。同僚だろうと、上司だろうと、友だちだろうと。その人たちに情報を伝え、うまくはたらきかけるようにしています。だから、自分から「私は、こうしたい」みたいなことを言わなくても、みんながそれぞれなんとなく結論に達するようです。そして、みんなもそれぞれ恩恵を受けるのがわかるようで、それを受け入れてくれます。それは、協同作業のようなものだと思います。自分に協力してもらっているというような感じ。みんなを一つにまとめるという感じですね。私はたぶんそれがじょうずなんだと思います。

男性は交渉をゲームや競争のようにみなし、女性は協同作業だとみなす。こうした男女の考え方の違いは、交渉へのアプローチの違いとなってあらわれます。

さて、この本では今まで、女性がなぜ求めないのか、なぜほしいものをほしいと言えないのか、ということを中心にお話をしてきました。しかし実は、女性のやり方は男性にないすぐれたところがあるのです。男性の攻撃的なやり方は、確かによい結果を得るのですが、それは一時的なものにしかすぎません。逆に、協調や人間関係を中心にする女性のやり方には、大きな利益をもたらす可能性があるのです。こうした協調的なアプローチ、つまり、単に勝利をめざすのではなく、「関係者全員にとって、よい結果になるようなものを探す」というやり方は、戦いのようなやり方で得られるものよりも、客観的にもすぐれたものを生みだすと言えるでしょう。このことは、過去二十年にわたる多くの研究で示されています。それらの研究で推薦されているやり方は、女性の長所とうまく結びついたものです。交渉訓練コースの目標は「女性のように交渉することだ」と言われているくらいです。この章では、女性の交渉の仕方がどのくらい力のあるものなのかをみていきます。

協調はすぐれている

双方が協調して交渉すると、自分の側にできるだけ有利になるように交渉しようとするときよりも、よい結果を生みだします。これはなぜでしょうか。その答えは「固定パイの幻想」にあります。多くの人は、自分の利益が相手にとっては損になるために、衝突が生じるのだと思い込んでいます。これを「固定パイの幻想」と言います。先方にとって都合のよいことは、こちらには都合が悪いものに違いないという考え方です[19]。もちろん、それが正しいときもあります。特に、たった一つのものをめぐっての交渉、つまり、「分配交渉」はそれにあたります。しかし、交渉で扱われる問題は、一つではなく複数という場合が多いのです。それが「統合的交渉」と呼ばれるものです。そこでは二つ以上の問題があり、交渉者はそれぞれ異なった優先順位をもっているのがふつうです。そのため、交渉参加者は自分にとってあまり価値のないものと価値のあるものを交換できるのです。これは「相互取引（ログローリング）」と呼ばれています。大切なのは、統合的交渉が双方に望ましい結果をもたらす可能性があるということです。

例をあげましょう。ふたりのシェフがディナーの準備をしているところを想像してください。ある料理で、ふたりともレモンを使わねばならない状況になったとしましょう。しかし、冷蔵庫にはレモンが1個しかありません。ふたりは自分の料理にはレモン1個全部が必要だと主張して（これがそれぞれのシェフの「立場」）、1個のレモンをめぐって争うことになります。この状況が「固定パイ」です。しかし、もし、ひとりがほしいのはケーキ用のレモンの皮で、もうひとりがほしいのは、マリネのためのレモン果汁（これが、それぞれの「利益」）だったらどういうことになるでしょう。ふたりが自分たちの利益についてお互いに話をすれば、双方にとって有益な解決がみいだせるでしょう（ひとりが皮全部を、もうひとりがレモン果汁を全部手に入れる）。それは、単純な分配（ひとりがレモン1個全部を手に入れ、もうひとりには何もない）や、レモンを半分ずつにするというような解決よりもすぐれたものになるでしょう。

しかし、交渉の訓練を受けたことのない人は、統合的交渉のことをほとんど知りません。こうした人の少なくとも3分の2は、「固定パイの幻想」に苦しめられていると言われます[286]。この幻想がどこから生まれたのかはわかりませんが、「交渉はゲームなのだと思えば、競争心がわきたつでしょう。…そうすれば、うまく交渉できます」のようなアドバイスをする本もあります[74]。このアドバイスに従うと、お互いに相手を打ち負かすことに必死になり、双方にとって望ましい

合意に達する可能性に気づけないままでしょう。そして、悲惨な結果しか得られないようになってしまいます。しかし、この「固定パイ幻想」はたいへん強いので、たとえ双方が実は同じ結果を望んでいたとしても、お互いが相手に逆らうのに夢中になり、同じことを望んでいるのだということにも気づけないのです[285]。

一九八一年に『ハーバード流交渉術』という本が出版されました。この本によって、統合的交渉のことが有名になり、双方にとってよい結果を生む「勝ち／勝ち（Win/Win）」になる可能性があることが知られるようになりました[◆94]。それ以来、交渉学研究者はこうした解決にいたる方略をいろいろと検討しています。その中で検討されてきた重要な方略を紹介しましょう。それは、交渉に参加している双方のあいだで情報の流れを増やし、相手側の要求や利益、好みについてできるだけたくさんのことをみきわめるというものです[◆94][171][221][223][285]。これは、相手に直接質問してもよいし、間接的に「Xを少し譲るので、そのかわりに、Yを少し譲ってくれないか」とたずねてもよいでしょう。情報を共有し、相手の話に耳を傾け、立場よりも利益について話しあってもよいでしょう。このようなやり方は、一見何でもないことのように思えるのですが、たいていの人は訓練を受けない限り、こうしたことができないようです。たとえば、交渉の訓練を受けていない人で、相手側の好みや優先順位についての情報を得ようとしたのは、たった7％しかいなかったという報告もあります[285]。

統合的交渉のやり方とは、質問し、耳を傾け、情報を共有し、双方の要求を満足させるような解決をみつけようとするものです。そして、ここで強調したいのは、「統合的なやり方は女性のすぐれたところと関連している」ということです。

女性は協調、男性は競争

この本では、女性は協調的、男性は競争的だと述べてきました。でも、これは本当に交渉にもあてはまるのでしょうか。この点を検討した研究はまだあまりないのですが、交渉の際に、男女で行動が違うことがいくつかの研究でみいだされています。

ある研究では、参加者を同性どうしのペアにして交渉をしてもらっています。その交渉は、こちらが勝てば、あちらは負けるという競争的なもの、つまり、分配交渉で終わるかもしれないし、また、両者がともに利益を得るという形で終わるかもしれないというものでした。実際に交渉してもらったところ、男性ペアは女性ペアよりも分配方略、つまり、脅かしたり、相手を侮辱したり、融通のきかない立場を主張したりというやり方をとることがはるかに多かったのです[157]。また、別の研究では、男性と女性の管理職の特徴を比較したところ、女性管理職に比べ男性管理職は、情報をあまり共有しない傾向があると報告されています[133]。多くの研究結果をまとめて分析した研究者がいますが、そこでは、交渉の際に男女の行動が違うこと、そして、女性は男性よりも協調的に行動することがみいだされています[305]。

また、交渉学の授業を受けている大学生を同性どうしのペアにして、子どもの遊び場をつくるために公共予算をどのように配分するか、という問題について交渉してもらった研究があります。この研究では、ペアのうちのひとりは公園部署の代表、もうひとりは地域のボランティア組織の代表というようにふり分けられました[123]。男性どうしの交渉と女性どうしの交渉の違いはかなりのものでした。男性は女性よりも、このプロジェクトのためにどのくらいのお金がほしいかという、自分の「立場」について話すことが多く、男性ペアのすべてが自分の立場について議論しましたが、女性ペアの場合には、たった17%が自分の立場について話をしただけだったのです。また、男性は対立するような取引テクニック（脅かす、最終通告をする）をたくさん使っており、それは女性の9倍にもなっていました。女性ペアで対立的になったのは、十二組のうち二組だけでした。

さらに、女性どうしの交渉は、男性どうしに比べて、自分のもっている情報についてよく話をしていました。男性どうしの23%に対して、女性どうしでは92%が自分のもっている情報を交渉にもち込んだのです。それは、単なるおしゃべりでもなく、お互いのプライベートな生活についての質問でもありません。女性が話していたのは、双方がほしがっているものに直接関係する事柄でした。こうした交渉中の情報交換によって、お互いの目標をより深く理解しあえたのでしょう。さらに、女性がこうした情報について話しあうのは、交渉が始まってから最初の5分以内でした。一方、男性が情報交換をするのは、交渉が始まってから20分が過ぎた頃であり、しかも、合意に達するのがむずかしいときだけだったのです。

この研究には、ほかにもおもしろい結果があります。交渉前に受け取った情報の使い方が、男女それぞれのペアで違っていたのです。女性どうしの50%が、遊び場ができると近所の高齢者施設にどんな影響が生じるだろうかということを話しあいましたが、男性どうしでこのことを取り上げた人はいませんでした。一方、男性の58%が法的責任について言及していましたが、女性で法律について論じたのはたった8%だけでした。法律問題は最初に提供された交渉材料にはないもので、男性が自分で話し始めたのです。

この研究では、男性ははじめから自分の立場について論じたり、対立姿勢を示す行動をとったり、お互いの法的責任について話していました。つまり、男性は交渉の競争的な面に集中すること多かったのです。これに対して、女性は人間関係の側面、つまり、双方の要求や、交渉の結果がほかの人（たとえば高齢者）にどんな影響を与えるのか、といったことに焦点をおいていました。統合的交渉でよりよい合意に達するためには、交渉中にたくさんの情報を交換することが必要です。この研究が意味するのは、女性は交渉場面において、生産的であり、さらには双方にとってよりよい合意に達する可能性が高いということです。

筆者たちがインタビューした女性の多くは、交渉の際に意図して協調的なアプローチをとっていました。彼女たちはそれが有効だということを知っているのです。おもちゃ屋の女性オーナーは、「ほかの人の話にじっと耳を傾けるというのが本当に大切です。それがまず一番ですね。そうすれば、その人のことがよくわかるようになります。そのあとで交渉すればとてもうまくいくし、自分のほしいものも手に入るし、その人もほしいものを手に入れることができます」。また、舞台制作マネージャーの女性は「何を考えているのか、相手にしゃべってもらいます。その人がしゃべりたくない場合にはなおさらです。特に、それが答えをみつけるのに役立つときには。…徹底的に話しあうのが好きです。お互いにとって、ためになるような目標に到達するのが好きです」と語ります。こうした言葉から、よい合意に達するには情報を共有したり情報を求めたりするのが必要だとわかります。また、彼女たちは、どんな交渉でも、最終的な合意は単に自分の利益になるだけではなく、相手側の利益にもならなければならないことを知っています。これが交渉を統合的に行なうための重要な点です。

実は、女性はすぐれている

もし統合的な方略がすぐれた交渉結果を生みだし、そして、女性のほうが男性よりもこのやり方をよく使うのならば、女性は男性よりも交渉がうまいということになります。少なくとも、協調的な提案が相互になされるというような状況では、実際その通りなのです。ある研究を紹介しましょう。その研究では、学生に複数の問題がかかわる交渉の実験に参加してもらいます。交渉は、統合的になり、双方にとってすばらしい結果をもたらすものになるかもしれないし、競争的になり、双方ともに悲惨な結果になるかもしれないという両方の可能性をもったものでした。もちろん、その中間の結果もあり得ます。扱った交渉問題は、情報を共有しないとよい結果にならないようなものです。交渉結果を比較したところ、女性どうしの交渉は男性どうしの交渉よりも、すぐれた合意に達していたことがわかりました。交渉した双方にとって有益な合意だったのです[229]。この研究では、女性どうしは情報をたくさん共有していたこと、男性と女性では異なったテクニックを使い、その行動も違っていたことがはっきりと示されました。

筆者たちのインタビューからわかったのは、多くの女性が、女性の交渉アプローチと男性のアプローチが違うと気づいており、女性のアプローチのほうがすぐれていると信じているということです。たとえば、市会議員の女性は、自分のほうが男性よりも交渉がうまいと思っており、その理由を次のように語ってくれました。

交渉しているときには「自分が」と思ったりしませんね。私は人の話をちゃんと聞くことができます。どこでも、どんな人とでも。でも、男性はそういうのができないようですね。「自分が」とか「勝たないといけない」とか。私には、そういうエゴがないのだろうなと思います。……「目標」ですね。落としどころをみつけ、そのためにはこの人とどうつきあえばよいのか、そういうことに焦点をしぼって話しあうことですね。私の知っている男性の中には、自分のエゴに気づかずに、結局、交渉で自分の能力を発揮できない人もいます。

地域開発銀行勤務の女性も語ります。

私は交渉のときには、あまり攻撃的にはなりません。……私のスタイルは、ある人たちには好かれているようです。……私はこんなふうに考えています。「あなたも何か貢献できるでしょう。私も貢献できるものがあります。だから一緒にやりましょう」と。……自分に何ができるか、何を提供できるか、何がほしいのか、情報を交換するところから始めます。…それが私のやり方ですね。このやり方はすぐれています。

男性は分配的な方略を用いて、攻撃的に交渉を進めることが多いようですが、そういうやり方によって、不利な状況におちいっているようです。資産運用会社勤務の男性は語ってくれました。

若い頃、私は古いタイプの男でした。攻撃的で、支配的で、24時間戦いますというタイプでした。何度もそれで損をしました。たいていの人は、そんな人間とつきあいたくないと思うでしょう。おまけに、そういう人間は利用されるんですよ。だって、ボタンをほんのちょっと押せば、爆発するわけですから。同僚や上司からよく言われました。そのやり方を考えなおしたほうがいいよって。たとえば、陶器の店で大暴れするようなやつでは困るでしょう。自分の望むものをよく考え、どうしたらそれがうまく手に入るのか、一番よい方法を考えねばなりません。そして、思いいたりました。酢よりも蜂蜜のほうがたくさんのハエを引き寄せられるということに。昔からよく言われていることですけどね。

高い目標を設定し、なかなか譲歩しない。そんな競争的なやり方で勝利を得たとしても、長い目でみれば、彼は苦しむことになるかもしれません。こうした問題に気づいている男性もたくさんいます。薬品企業の男性管理職は、「男性はすぐ攻撃的になりやすい。すぐ自己主張するし、忍耐力がありません。カウボーイみたいですね。しかし、女性はそんなことはしません。…長い目でみれば、男性はこうした行動のために不利な立場になるでしょう。…一般的に、女性がとっているアプローチはすぐれていて、長期的には望ましい結果になるでしょう」と語ります。

一度の交渉で最大の利益を得ようとすると、そのときにはよいのですが、後でしっぺ返しを受けるようになるかもしれません。協調的スタイルがすぐれたやり方だというのは、長期的展望がもてるからです[276]。これも、女性の有利なところです。研究によると、女性は、交渉を長期にわたる人間関係の中の一つのできごととみなし、一方、男性は「酒一杯を飲むだけのつきあい」と思いがちだそうです[121]。女性牧師は、攻撃的でかつ短期的な見通ししかない交渉が、裏目にでる危険性をあげてくれました。

> 交渉する人の中には、怒って、何と言ったらいいか、まるでごろつきのような人もいます。そういう人とはとても交渉できません。かかわりをもつことさえいやですね。私を脅かそうとか、恥をかかそうとかしているようにみえます。私は相手のコミュニケーションのとり方を気にします。次のときも、同じやり方でくるでしょうから。

もちろん、ひどいふるまいをする男性はそんなにはいません。しかし、もっとソフトな男性でさえ、交渉を競争だと考え、短期的な見通ししかもてないのなら、「一つの戦闘には勝つが、戦争には負ける」ことになるでしょう。

協調的なアプローチがうまくいかないとき

しかし、協調的なアプローチをとっても、よい交渉結果を得られないときがあります。それは、双方が交渉について同じように考えていないときです。男性が交渉を勝負だとみなし、女性が双方に恩恵をもたらすような結果を探す過程だとみなしていれば、女性のやり方はすぐれたものを生む可能性があるにもかかわらず、損害を被りやすいものになってしまいます。

211ページで紹介した研究は、女性どうしの交渉は男性どうしの交渉よりもすぐれた結果になったというものでした。この研究では、女性対男性の交渉も行なわれており、その交渉結果は男性どうしの交渉結果よりもよいものにはならなかったのです。女性は、女性どうしで交渉しているときに比べ、男性と交渉するとぶざまになり、さらに、女性どうしで分けたパイよりも、小さいパイを分けることになってしまったのです。女性どうしの交渉では、情報を共有し協力することで、パイを大きくすることができたのですが[229]。女性どうしの交渉では、競争的なやり方だと見過ごすような可能性にも気づきました。相互取引（ログローリング）や統合的な方略をとることで、双方にとって利益をもたらす可能性をみきわめることができたのです。このことから、もっともよい結果は、双方がともに協調的なアプローチをとることで生まれるということがわかります。そして、すぐれた交渉結果を生むには、ふたりの女性、つまり、「女性のように」交渉する訓練を受けているふたりが必要だということです。

しかし、男女間の交渉の結果をみてわかるように、協調的なやり方は、競争的なアプローチの激しい攻撃に耐えられないようです。ある本に載っているエピソードを紹介しましょう[164]。同じ業務にたずさわっているふたりの医師（女性と男性）が、同じ週に休みをとりたいと思いました。しかし、うまく合意できないと人間関係にひびが入るのではないかと心配するのは、女性医師だけだったのです。この問題を解決しようと彼女は一生懸命になり、相互取引をしようと決めます。つまり、彼にその一週間の休暇を譲るから、そのかわり、夏の予定を先に決める権利がほしいと言ったのです。彼は彼女の譲歩を受け入れましたが、このことと夏のことは別問題だと言って、交換条件を拒否しました。彼女は、何かをあきらめるかわりに何かを手に入れるという、ギブ・アンド・テイクを期待していました。そうすれば、良好な人間関係も得られると思ったのですが、彼にとってはそうではなかったようです。彼にとって交渉とは勝者がすべてを得るものであり、彼女の融通性を弱さと考え、彼に屈服したとみなしてしまったのです。

筆者たちはインタビューで、交渉相手の性別によって、交渉のやり方を変えねばならないということを聞きました。電力会社勤務の女性の話です。

もし交渉相手が女性なら、協調的な考えでアプローチしてくるので、何に関心があるのかについてオープンに話しあう雰囲気になります。早い時期に信頼関係ができるでしょう。そして、ギブ・アンド・テイクのような感じで話が進み、双方が自分のほしいものを手に入れます。男性と交渉するときには、お互いをさらけだしたりすることがあまりありませんね。相手の言葉を信じてよいのかどうか、自信がもてません。

彼女は、ある交渉のエピソードについても語ってくれました。

そのときの交渉相手の男性はとても攻撃的で、自分の意見に固執していて、むりやりに結論をだそうとするような人で、とても不愉快でした。一緒に語りあい、お互いの利益になるにはどうしたらよいかをみつけるなんてことは、とてもできませんでした。彼のやり方のために、いつもならしないようなことをしてしまったように感じます。かなり妥協してしまいましたね。

なお、このようなときには、5章で紹介した「交渉柔術」（158ページ）を使うと、相手から協調を引きだせることがあります。「相手のそばに歩み寄る」というやり方が役に立つでしょう。それは、交渉相手の利益を認める、相手の立場がわかっていると伝える、相手の要求についての情報を引きだす、そして、こちらの情報を明かす、相互にやりとりするようにしむけるというようなものです。

しかし、時にはこういうテクニックが通用しないこともあります。さきほどの電力会社の女性は、協調的なやり方がまったく通用しないときには、自分のほしいものを手に入れるために、男性のようにふるまうのだと言います。「そういう時には、スタンドプレーをしますね。はったりをかけたり、書類を閉じて、部屋から出て行ったり」。

こうしたやり方をいつどのように使うかを学び、そして、自信をもってできるようになるには、時間と経験が必要でしょう。しかし、女性がもっている人間関係のスキルやすぐれた社会的センスをもってすれば、こうした状況でも優位にことを運べるようになるはずです。

ビジネスの世界ではばたく

ある幼稚園の園長の女性をインタビューしたとき、彼女はさかんに自分の交渉スキルが劣っていると話していました。自分の弱いところや欠点を語っていたのです。「私のやり方は優柔不断で、弱気で、臆病な感じです」。また、交渉そのものが苦手で嫌いだとも言っていました。数週間後、その幼稚園で九年間働いている女性教師（46歳）にインタビューしたところ、「交渉がうまくて尊敬できる人がいますか」という質問に対して、彼女はすぐに園長の名前をあげたのです。「園長のやり方のどんなところが尊敬できますか」とたずねると、「園長はとても話しやすい人です」と答えました。「園長はとても話を聞くのがうまくて…声を荒げたことが一度もありません。私はすぐにかっとなります。でも、園長はいつも落ち着いているし、話しやすいのです。園長には何でも話せます」。この教師は統合的交渉のやり方の重要な点を述べています。それは、人の話をよく聞くこと、他人の要求に関心をもつこと、柔軟な考え方をすることです。

幼稚園教師にインタビューした数日後、園長に会う機会があったので、教師のひとりが交渉者のモデルとして園長の名前をあげたことを告げました。彼女は信じられないというように笑っていました。しかし、その数日後、園長は電話をかけてきて、自分のスタイルがすぐれているのが自覚できたと話してくれました。その幼稚園は教会に間借りしていたのですが、園長はあるとき教会の代表と会わねばなりませんでした。当時、園は幼児教育の協会の認可を申請している最中で、その協会の安全基準を満たすために、配管と電気系統の工事をしなければなりませんでした。また同時に、園の賃料を更新する時期でもあったのです。園長は教会との会合について少し心配していました。というのは、これまで教会は園が間借りしているスペースに投資するのをいやがっていたからです。さらに、その交渉相手は今まで会ったことのない新しい管理人でした。そこで園長は、会っていきなり要求を並べるのではなく、新しい管理人と知り合いになり、双方の問題を話しあう機会だと考えて会合にのぞむことにしました。彼女は教会側の不満（主に、園児の保護者が教会の駐車場を使っているという話）にきちんと耳を傾け、そして、双方の要求に関してどのように取り組んだらよいかとたずねたのです。自分の要求をしつこく主張するということはしませんでした。こうして会合の終わりには、新しい管理人は幼稚園に必要な改修を了承し、さらに、賃料はほんの少し上がっただけでした。園長は、衝突を避けるような自分のやり方が、こうしたよい結果を生みだしたと確信したのです。

このエピソードから、いくつかのことが明らかになります。まず、多くの女性は自分のスキルを正確に判断できないということ、そして、女性は自分自身を男性の基準で判断する傾向があるということです。女性は自分の交渉スキルに価値があると、あまり思わないようです。それは、女性の交渉スタイルが主流のやり方、つまり、男性の競争的なスタイルと異なっているからです[171]。交渉だけでなくいろいろな面で、男性は正しく、女性は基準からはずれて劣っていると、長いあいだみなされてきました[120]。これまでの研究の多くは、男性がやっているように女性もやりなさいという、「女性をなおす」とでもいうような解決方法を提案してきました。しかし、最近では、女性の交渉スキルを異なる視点からみるようになっています。男性と違うところを高く評価するようになり、女性の考え方が、交渉のプロセスと合意形成にすばらしい恩恵をもたらすことを認めるようになったのです。かつては気づかれなかったことです[161]。

こうした女性の長所は、人生のさまざまな側面でもいかされています[133]。幼稚園教師が園長について語ったことと、園長自身のインタビューからわかるのは、彼女のオープンで良好な人間関係をつくろうとするようなやり方が、彼女の経営スタイル全般の特徴でもあり、それが好ましい結果を生みだしているということです。幼児教育は低賃金と高い離職率で有名ですが、この幼稚園には長く働いているスタッフがたくさんいます。9人の教師のうち、十五年、十三年、十一年、九年間働いている人が、それぞれひとりずついます。

読者の中には、この園長の女性的な経営スタイルは幼稚園には向くが、ゼネラル・モータースでは通用しないだろうと思っている人もいるでしょう。しかし、新しい研究の流れでは、こうしたまさにビジネスの中心ともいえるようなところでも、女性のスタイルがすぐれた結果を生むと考えられています。

ピーター・ドラッカーのような経営学の第一人者から、コンサルタント会社のビジネス・アナリスト、さらには、自称「革新的理論家」までがそろって、企業社会で新しい価値を創出するには、新しいアプローチが必要だと言います。そのアプローチは、多くの点で、女性の経営スタイルやリーダーシップ・スタイルに対応したものなのです。いくつかの言葉を紹介しましょう。「部下が何人いるかという点から、重役を評価する時代ではありません。複雑な仕事、そこでの情報、さまざまな人間関係をうまくこなさねばならないところでは、そうした基準はもはや意味がありません」[125]。「命令管理という企業モデルでは、二十一世紀はやっていけないと考えられています。相互依存が高まり、急速な変化が生じている中では、あらかじめ見当をつけてというやり方は、もはや不可能です」[255]。

また、社員を第一に考えることによってしか、企業は成長しないと語る学者もいます。「よい戦略があれば成功するというわけではない。それをうまく根づかせないと成功しない。そして、うまく根づくかどうかは、組織にいる人々、その人たちがどう処遇されているか、そして、その人たちのもっているスキルや能力、努力によるところが大きい」と[◆216]。この考えによると、企業にとっては、社員をどのように扱うのかに焦点をあてることが急務となります。社員の意欲を高め、成功にむけてがんばっているという気持ちを社員全員がもつようにしなければなりません。そのためには、社員相互の信頼を高め、地位の上下を減らすような経営実践が必要になります。また、社員がオーナーシップの感覚（自分の会社だという気持ち）をもてるような実践も必要でしょう。そのためには、すべての社員に組織の経営状態や業績などの情報を知らせ、めざす目標は同じだと伝えるとよいでしょう。

ある心理学者もこうした経営手法の重要性を論じています。知能指数と仕事の業績には関係がないことから、単なる知能や学校の成績は、よい経営者になるかどうかにほとんど影響を及ぼさない

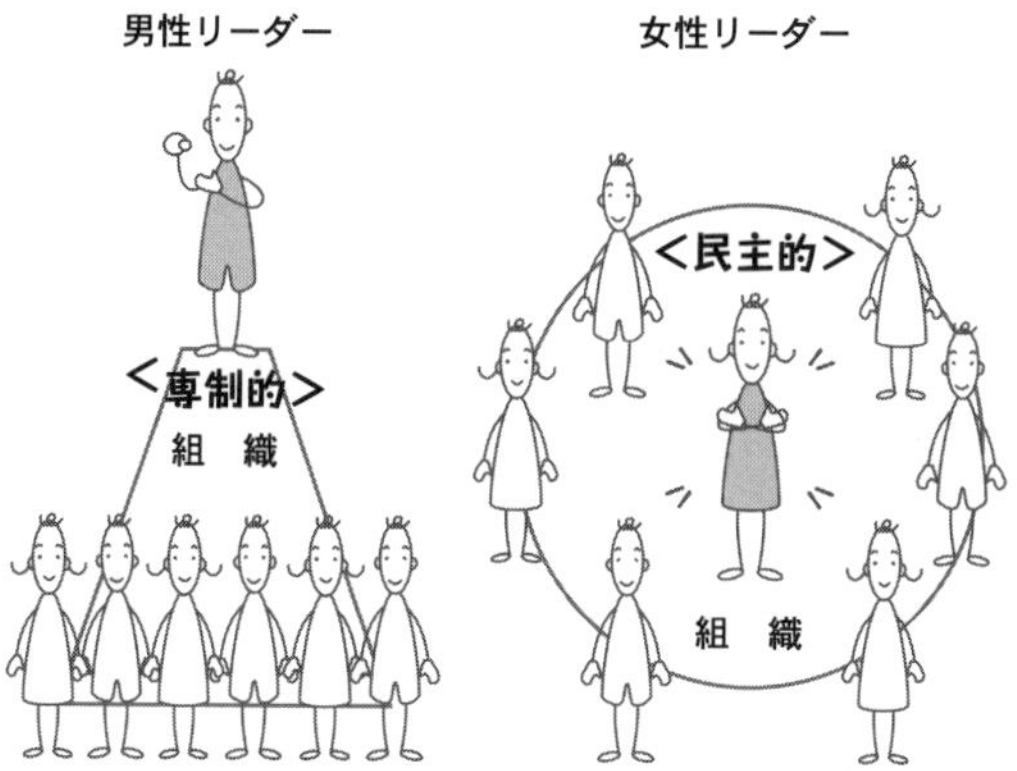

と述べています。それよりも重要なのは、「暗黙知」であると主張したのです。暗黙知とは実践的な知性であり、それがあることで他者と一緒にうまく仕事ができ、やる気が高まるということです[273][304]。「現実社会では、何をやるにしても、そのすべてが他人とかかわりのあることです。知能指数からは、常識的なことをうまくやっていけるかはわからないし、特に、ほかの人とうまくやっていけるかというのはわかりません」[108]。

女性はこうした「常識」をたくさんもっています。男性は専制的なリーダーシップ、つまり、指示や命令管理するスタイルを使いがちですが、女性は民主的なリーダーシップ・スタイルをとり、意思決定に部下も参加させます[84][234]。全員の合意を得ようとする女性のリーダーシップ・スタイルは、現代の、そして、将来のビジネスで必要とされる「さまざまな人間関係をうまくこなす能力」「協調的な経営スタイル」「社員を第一に」「暗黙知」に沿ったものなのです。女性のリーダーは男性リーダーよりも、対人関係を重視することが示されています。

女性リーダーは一緒に働いている人々の幸せに気を配り、仕事のうえでよい人間関係を維持することに気を使っているのです[84]。こうした男女の違いは、女性リーダーが組織の中での自分の地位をどのように考えるかについても影響を与えています。男性リーダーが自分のことを組織の頂点にいると考えがちなのに対して、女性リーダーは、自分は組織の中心にいるとみなす傾向があります[133]。

原子力技師の女性は、部下に何かをしてもらうために、どのように頼むかを語ってくれました。

一緒に働いている人についてお話します。私の下で働いている人たちというのではなく、一緒に働いている人たちです。…「助けてほしい」「あれを入力してほしい」というような言葉を使いますね。「あれをしろ」「これをしろ」ではなく。…「私は、みんなと同じ船に乗っている。みんなでやらないといけない」という感じです。

巨大電機メーカーの最高責任者の女性は、かつての仕事で、女性ばかりが勤務する部署を引き継いだときのことを語ってくれました。そこの上司はこれまでずっと男性で、女性たちは専制的な経営手法に慣れていました。彼女は、これまでのやり方が非効率で、生産性を下げていることに気づき、もっと協調的で、民主的で、円滑なやり方、つまり、「女性的なアプローチ」をとることにしました。部下に責任をもたせ、問題の解決を任せたのです。その部署は急速に生産性を伸ばし、そのことで彼女はもっとよい職を得ることにもなりました。その後、彼女は出世し、今やアメリカでも一流の企業の役員です。

構造が古いピラミッド型から、平らなフラット型になるにつれて、組織は柔軟になり、権力が拡散し、管理がゆるやかとなります。さらに相互依存も進みます[93][235]。ビジネス研究者もビジネス界のリーダーも、組織で新しく必要とされているものが、女性のスキルと関係していることに気づくようになってきました[93][133][235]。部下を活気づけ、刺激し、部下の要求や希望を理解するのが、よいリーダーだと考えられるようになったのです。リーダーシップとは単に命令管理なのだと誤解すると、問題を引きおこします。それは男性によくみられる誤解です。「リーダーが部下の意欲や要求に影響を与えることこそがリーダーシップ」と考えられるようになれば、女性はただちにリーダーとして認められるようになるでしょう。そして、男性はリーダーシップ・スタイルを変える必要がでてくるでしょう[38]。女性の双方向的なリーダーシップ・スタイルは、組織改革が必要とされている現代にぴったりなのです[235]。

経営者側の地位についている女性も、現在の組織を改革する必要を認めています。そして、彼女らはその挑戦が成功すると感じているようです。ある女性は語ります。「かつて女性の目標は、経営陣に入ること、有名企業の役員になること、CEOになることでした。しかし、新しい目標は違います。現在の目標はもっと革新的で、もっと高いところをめざすものです。つまり、ゲームそのものを根底から変えることなのです」[128]。

女性がもっと社会進出すると、女性に対するチャンスが広がり、そして、男女平等に結びつくようになります。しかし、それだけではありません。実のところ、女性が単に社会進出するだけでは、男性中心のビジネス文化に加担するだけになる可能性もあります。大切なのは、競争ではなく「協同」

です。女性が協同を強調することで、すぐれた交渉や管理方法、そしてリーダーのあり方を男性は学べるでしょう。協調的なアプローチのもつ力が伝わるでしょう。自分にも組織にも望ましいという最高の決定はどうすれば可能なのか、その見本にもなるでしょう。命令ではなく、一緒に決定するという方法をとれば、働く人が自分の仕事にプライドをもてるようになります。そして、それが新しい規準になるでしょう。序列づけをやめ、人々を結びつけるというやり方で経営すれば、新しい組織構造をつくり、能率や収益を高めることができるでしょう[235]。

男性や企業文化の権威を脅かそうというのではありません。企業文化を解体しようとするものでもありません。感情レベルの話をもちこもうとするのでもなく、結果よりも人間関係を重視しようというのでもありません。女性が自分たちの価値観を表にだせば、職場が変わるでしょう[206]。権力を改善するように、女性ははたらかなければならないというのではありません。女性が加われば、権力が適切にはたらくようになるのです。適切なときに適切に行使することで、権力はよりよいものになるでしょう[202]。

これは単に理想上の目標ではありません。現実的なものなのです。固定パイの幻想にふりまわされるのは、お金を燃やすようなもの、つまり、合意にうまく達しないと効率が悪くなり、お金に換算するとコストがかかるようになります。

望ましい合意に、いつも達するにはどうすればよいのか、もっと効率的に経営するにはどうすればよいのか、新しい時代に必要な新しいリーダーシップのかたちを養うにはどうすればよいのか。女性はこうした道を示すことができます。そして、ビジネスの関係をすばらしいものにできるでしょう。それは、競争による成功か失敗かという関係ではなく、お互いに利益を得るという関係です。ビジネス上でよい人間関係が結べるということは、経済が健全だという証拠です。やり方を変えると恩恵がもたらされるとわかれば、ビジネス界での女性の地位が改善されるでしょうし、すべての人々をも助けることにもなります。そして、それは「人を助けたい」という女性の共同的な欲求にふさわしいものとなるでしょう。

終章　家庭でも交渉を

好きな仕事をしたい。仕事を公平に評価されたい。給料を上げてほしい。昇進したい。この本は、職場での交渉に関する内容がほとんどでした。でも、職場の話ばかりなのは、それが重要だからというのではなく、交渉学研究のほとんどが職場に焦点をあててきたからという理由にすぎません。家庭生活などのプライベートな場面での交渉がどのようになっているのか、そこにジェンダーがどのようにかかわっているのかは、ほとんどわかっていないのです。賃金交渉のときのようなガイドラインがないので、プライベートな状況では男女格差が広がっているという指摘もあります[230]。さらに、男女にふさわしい役割は何かという考えがどんどん変わっているので、ますますわからない状況になっているようです。

しかし、プライベートな生活で、特に配偶者やパートナーと交渉するにはどうしたらよいのかを学べば、女性の生活や健康は改善されるはずです。たとえば、女性は男性よりも家事をたくさん担っており、さらに、育児の責任が重く、余暇時間がかなり短いと報告されています[25][174][233]。これは、フルタイムであろうと、パートタイムであろうと、在宅での仕事であろうと、働く女性のほとんどにあてはまることです。働く既婚女性が家事に費やす時間は、週平均で33時間くらいであり、これは、全家事労働の三分の二になります。一方、働く既婚男性の家事時間は週14～18時間です[*1][299]。

この家事労働の偏りがもたらす影響は、かなりのものです。フルタイムで働く子どものいる女性は、フルタイムで働く男性に比べて、非常に高いレベルのストレスを経験しています。そのストレスは仕事ではなく、家庭での責任の重さからくるようです。ある研究を紹介しましょう。その研究では、管理職についている男女の血圧とノルエピネフリンというホルモンのレベルを、昼間に定期的に測定します。ノルエピネフリンはストレスの変化に対応して、すぐ変動する特徴があります。測定の結果、男性管理職の血圧とストレスホルモンのレベルは、5時になると急激に低下したのですが、女性管理職では高くなりました。これは、家庭の外での「第一の勤務」の仕事から、家庭での「第二の勤務」の仕事へと注意がむけられたためと考えられます。また、働く母親と子どものいない女性のストレスホルモンのレベルを検討した研究によると、働く母親は子どもと家にいるときに、高レベルのストレスホルモン（コルチゾール）を放出すると同時に、家庭責任に関する強いストレスを報告したということです。けれど、この母親たちが仕事で経験するストレスのレベルは、子どものいない女性が経験するストレスのレベルと変わりませんでした[8][218]。

高レベルのノルエピネフリンとコルチゾールは、女性の健康に悪い影響を及ぼします。ノルエピネフリンによる慢性的な高血圧は、女性の死亡原因で第一位を占めている心臓発作をひきおこすもの（リスク要因）だそうです[8]。また、長期にわたるストレスや重度のストレスは、免疫システムを弱め、心臓に負担をかけ、脳の記憶細胞を破壊し、腰や臀部ではなく胴回りに脂肪を蓄積させます。これは心臓疾患やがんなどの疾病のリスク要因と言われています[114]。こうした脅威に加え、ストレスは、老化、抑うつ、関節リューマチ、糖尿病などにも関係しています[88][198]。

＊1　［訳者注］日本の女性の家事時間：総務省の社会生活基本調査をもとに計算すると、二〇〇一年の日本で夫と妻が家事と育児に費やす一週間あたりの時間は、共働きの場合、妻が29時間24分、夫が2時間55分。妻が無職の場合には、妻が48時間53分、夫が3時間44分。

また、女性は家庭のために仕事を犠牲にしています。仕事の面で高い目標を達成することと家事労働の過剰負担は、両立できるものではありません[8]。しかしこれは、結婚して子どもをもつと、女性の働く意欲が失われるためではありません。家庭での責任の負担によって、独身女性や子どものいない女性ほど、自分のキャリアに注意をむけ、それにエネルギーや時間を注ぐことができなくなっているからなのです。もちろん、自ら進んで、「家庭優先で働く」という選択をする女性はたくさんいます。それにもかかわらず、働く母親の経験するストレスや抑うつは、働く父親よりも高いのです。さらに、このストレスや抑うつは、仕事が原因だと誤解され、仕事を辞めて家庭に入ればなおると言われるのです。しかし、実際はその逆なのです。3千8百人の男女を対象にした研究では、収入のために働くことは、妻の場合でも夫の場合でも抑うつを低め、家事に費やす時間が抑うつを高めるという結論が得られています[8][109]。

こうしたことから、家庭の外で働くことは女性の精神的健康にとって望ましいと言えるでしょう。しかし、子どもがいる場合には、家庭と仕事のバランスをとるためのスキルが不可欠となります。その最も重要なスキルの一つが、夫やパートナーと交渉する能力です。もちろん、状況が許せば、パートタイムで働くこともできるし、それほどバリバリ働く必要のない仕事も選べるし、仕事は子どもが大きくなってからという選択もできるでしょう。また、お金があれば、家事をしてくれる人（掃除、子守り、庭師、さらには料理人や助手）を雇うこともできるでしょう。こうした選択はもちろん自由です。しかし、どのようにしようとも、育児や家事がたいへんな仕事であるという事実は変わりません。そして、ふたりの大人が公平に分担して、それをきちんと担うのが道理です。交渉は家事育児を平等に分担するために役立つでしょう。

育児は夫が――違う角度から考えてみる

ある女性は最初の子どもが生まれてすぐ、夫に「あなたは、自分が仕事をしているあいだ、子どもの世話はどうするつもり？」と聞いたそうです。この言葉に、夫は動揺したとのこと。彼は子育てが自分の問題だとは考えていなかったのです。子どものことは何でも妻がするものだと思い込んでいたようです。彼女はいろいろなところで、女性たちにこの話をするそうですが、そのたびにいつも歓声があがり、その勇気をほめられるのだと語りました。この反応は、女性の思い込みを浮き彫りにしてくれます。それは、「女性は育児や家事をするもの」という思い込みです。家庭のためならば、仕事であろうと何であろうと犠牲にしなければならないのだ、それがあたりまえなのだと。昔も今もこれからもずっとそうなのだと。女性の生活はこうした規範ができた時代から大きく変わったにもかかわらず、なぜか疑問がわきおこらないようです。

女性の生活はずいぶん変わりました。しかし、多くの人々の考え方は変わっていません。こうした「女性の問題」を解決すべく提供されるものは、たいてい、良質で、手頃な価格の、多くの要望に応じられる保育施設であり、仕事のフレックスタイムであり、家族休暇制度です。もちろん、これらは必要な改善です。しかし、こうした問題が生じた背景については、何の疑問ももたれていないようです。仕事と家庭の両立が、なぜ「女性の問題」であって、「人間の問題」とはならないのか。取り組みはどれも大切ですが、「人間の問題」として本気で取り組まれていないのではないでしょうか[299]。男女どちらかが犠牲になるというような衝突を、双方が解決しようとしない限り、変化はないでしょう。仕事でも家庭でも平等のチャンスをもつべきだと考え、日頃の生活を公平なものにしようとしてはじめて、変化は生じると考えられます[299]。家庭でも交渉が行なわれるようになれば、男女とも、これまでにないような公平な家事分担の方法について考え始めるようになるでしょう。家庭の問題は政治的イデオロギーとは関係なく解決できます。ひとりの女性とひとりの男性によって交渉できるのですから[8]。

寝室でも交渉を

家庭責任の重い負担は、働く女性の健康を脅かします。しかし、それ以上に深刻な健康問題もあります。それは、エイズです。世界では、毎分5〜6人の女性がHIV／AIDSウイルスに感染しています[34]。一九九九年にHIV／AIDSに感染していた女性は、世界で1千480万人[34]。二〇〇〇年に新たにエイズになった女性は、アメリカだけで1万459人でした[56]。コンドームはHIV感染の予防に役立ちますが、男性はコンドームをつけたがらず、自分から進んでつけることもあまりありません。そのため、女性はコンドームの使用をめぐって、男性と交渉しなくてはなりません。それは多くの場合、女性にとっては困難なことです。しかし、交渉しないと、たいへん悲惨な結末になる危険性があります。

コンドームを使用しないとリスクが大きくなるということは明らかなのに、なぜあまり使用されないのでしょうか。そうした問題についての研究も始まっています。一九九三年にハイチで行なわれたＨＩＶ／ＡＩＤＳ研究では、大きな問題を二つ指摘しています[290]。それは、女性の経済的依存性と人間関係への配慮です。男女ごとの集団インタビューから、男性が収入のほとんどを稼ぐので、女性はあまり尊重されず、家庭内の決定にほとんど関与していないということが明らかになりました。ハイチの男性は、家庭の外で大きな性的自由を得ています。したがって、性交渉の際にパートナーがコンドームを使用するかどうかは、女性にとってたいへん重要な問題になります。しかし、経済力がないため、あまり尊重されていない女性は、この家庭内の決めごとに口をだすことができません。さらに問題をむずかしくしているのは、女性がパートナーとの調和を大切にしており、ふたりの関係を守るために、家庭外での男性の性的な活動を大目にみているということです。人間関係を一生懸命守ろうとする女性の美点ともいえる特徴が、ここでは、文字通り命とりになっているのです。

ほかの西洋社会では、性的な面での男女の力関係は、それほど不均衡ではないのかもしれません。しかし、アメリカでの研究では、コンドームを使ってほしいと言うと関係がそこなわれるのではないかと心配して、言いだせない女性が多いと報告されています[113][309]。たとえ、命を脅かすものではなくても、望まない妊娠をしたり、ほかの性病にかかったりという危険性はあります。それらは、将来にわたってずっと影響を与え続けるものになります。また、将来の性的パートナーやそのほかの人々を危険にさらすものにもなるでしょう。

こうした例から明らかになるのは、女性が生活のあらゆる面で「私は自分のほしいものを求めることができる」と気づくだけでなく、それを求める方法を学ばねばならないということです。コンドームをつけるのは男性なので、こうしたプライベートなことに関しても、女性はうまく交渉する方法を学ばねばなりません。しかし、ハイチの例でわかるように、寝室の外での交渉も重要です。というのは、女性の経済的地位が高くなると、プライベートなところでの交渉にも大きな力が発揮できるようになるからです。女性が男性と同じレベルの経済力をもち、そして、寝室と職場で男性と平等な力を発揮できるようになったら、男性はコンドームなしでセックスをさせてくれる女性をみつけられなくなるでしょう。さらに、男性がパートナーの健康を守ることで尊敬されるようになる社会がやってくるかもしれません。

さて、私（筆者）たちが描いた未来図はいかがですか？　この本によって、女性が家庭と職場での交渉がうまくできるようになり、またこの本によって、社会が女性の要求を受け入れ、そして、女性が交渉する権利を認めるようになれば、世界はよりよいもの、より健全なものになり、公正な場所へと変わるでしょう。そうなれば、未来の子どもたちも喜んでその社会を引き継いでいってくれるはずです。私たちは心からそれを願っています。

原書注

a　アメリカの離婚についての統計は，http://www.divorcemag.com/statistics/ を参照。

b　収入についての詳しい情報は，http://www.census.gov/ を参照のこと。

c　この結果については，異なる解釈も可能である。つまり，「男性は女性よりも交渉をたくさんしているのではない。同じことをしているが，それを違う名前で呼んでいるだけ。男性が交渉と呼んでいるものを，女性は別の名前で呼んでいる」というものである。しかし，この解釈だと，日常よく使われる言葉を，男女が違う意味で使っているということになり，あまり妥当ではない。また，たとえこの解釈が正しいとしても，以下のようなことが考えられる。もし，自分たちの行なっているやりとりを女性が交渉と呼ばず，男性が交渉と呼ぶならば，男性が何かを得るための手段として行動しているのに，女性はそうしたことをせずに，そのため，あまり多くのものを得られなくなっているのかもしれない。

d　インタビューの対象者は，西洋の女性の多様性をできるだけ反映したものにしようとしたが，人口統計学的な特徴を完全に代表するようなサンプルにすることまでは考えなかった。また，男性よりも女性へのインタビューが多かった。なお，本書では，内容に即したインタビューのみを紹介している。

e　これらの統計はカタリストのホームページ（http://www.catalystwomen.org/）に掲載されている。カタリストは，企業で働く女性の地位向上を目的に活動する非営利組織。

f　スー・モリナ氏からの私信（2003 年 3 月 14 日）による。

g　マイケル・ゲルファンド氏からの私信（2002 年 2 月 22 日）による。

h　この文献［222］には，性別について結果は掲載されていない。ここで用いた結果は，ハリス・ソンダク氏からの私信（2001 年 8 月 30 日）による。

i　ゼネラル・モータース社のビル・ベッツ氏からの私信による。

j　社会学者は，「自己概念」「アイデンティティ」と呼ぶ。

k　独立的／相互依存的自己スキーマについての異なる解釈については，引用文献［18］［99］を参照のこと。

l　独立対相互依存という 2 つのスキーマは，もともと東洋と西洋の比較から考えられたものである。文献［191］を参照のこと。

m　これらの数値は，文献［230］をもとに，原著者が計算したもの。

n　これらの統計については，http://www.census.gov を参照のこと。

o　男女それぞれが 153 の販売店で車を購入しようとしたが，白人男性への見積もりに比べて，白人女性に対する見積もりは，11%高かった。そして，黒人女性への見積もりは，31%も高いものだった。

p　オスカー・シンドラー氏の妻であるエミリー・シンドラー氏へのインタビューは，http://www.southerninstitute.info/index.jsp に掲載されているものを参照のこと。

q　米国の国立衛生研究所（NIH）が 2002 年 7 月 9 日に発表した文書による。http://www.nih.gov/news/pr/jul2002/nhlbi-09.htm　を参照のこと。

邦訳が出版されている文献

◆91　Faludi, S.　1991／スーザン・ファルーディ（著）　伊藤由紀子・加藤真樹子（訳）1994　バックラッシュ：逆襲される女たち　新潮社

◆94　Fisher, R., and W. Ury.　1981／ロジャー・フィッシャー＆ウィリアム・ユーリー（著）　金山宣夫・浅井和子（訳）1990　ハーバード流交渉術：イエスを言わせる方法　三笠書房

◆153　Kanter, R. M.　1977／ロザベス・モス・カンター（著）　高井葉子（訳）1995　企業のなかの男と女　生産性出版

◆216　Pfeffer, J.　1998／ジェフリー・フェファー（著）　佐藤洋一（監訳）1998　人材を生かす企業：経営者はなぜ社員を大事にしないのか？　トッパン

◆279　Tannen, D.　1990／デボラ・タネン（著）　田丸美寿々・金子一雄（訳）1992　わかりあえない理由：男と女が傷つけあわないための口のきき方10章　講談社

◆280　Tannen, D.　1994／デボラ・タネン著　田丸美寿々・金子一雄（訳）2001　どうして男は，そんな言い方　なんで女は，あんな話し方：男と女の会話スタイル 9 to 5　講談社

◆291　Ury, W.　1991／ウィリアム・ユーリー（著）　斎藤精一郎（訳）　1995　決定版ハーバード流“NO”と言わせない交渉術　三笠書房

292 U.S. Department of Labor. 2000. *Facts on working women: Earnings differences between women and men.*
293 U.S. Department of Labor. Bureau of Labor Statistics. 2000. *Report USDL 00-245*, 29 August.
294 ———. 2001. *Table 39: Median weekly earning of full-time wage and salary workers by detailed occupation and sex.*
295 ———. 2002a. *Report USDL 02-415*, 30 July.
296 ———. 2002b. *Union Members Summary, Press Release*, 17 January.
297 U.S. Small Business Administration. 2001. *Women in business, 2001 report.*
298 Useem, J. 2002. Tyrants, statesmen, and destroyers: A brief history of the CEO. *Fortune*, 18 November, pages 82–90.
299 Valian, V. 1998. *Why so slow? The advancement of women*. Cambridge, Mass.: MIT Press.
300 Ventura, S., and C. Bachrach. 2000. *National Vital Statistics Reports* 48(16). National Center for Health Statistics, Centers for Disease Control and Prevention, 18 October.
301 Wade, M. E. 2001. Women and salary negotiation: The costs of self-advocacy. *Psychology of Women Quarterly* 25:65–76.
302 ———. 2002. Audience and advocacy: When gender norms become salient during salary requests. Manhattan College. Unpublished manuscript.
303 Wade, T. J. 1996. An examination of locus of control/fatalism for blacks, whites, boys, and girls over a two-year period of adolescence. *Social Behavior and Personality* 24:239–248.
304 Wagner, R. K., and R. J. Sternberg. 1991. Tacit knowledge inventory for managers. Yale University. Unpublished research instrument.
305 Walters, A. E., A. F. Stuhlmacher, and L. L. Meyer. 1998. Gender and negotiator competitiveness: A meta-analysis. *Organizational Behavior and Human Decision Processes* 76(1):1–29.
306 Weitzman, L. J. 1985. *The divorce revolution: The unexpected social and economic consequences for women and children in America*. New York: Free Press.
307 White, S. B., and M. A. Neale. 1994. The role of negotiator aspirations and settlement expectancies in bargaining outcomes. *Organizational Behavioral and Human Decision Processes* 57:303–317.
308 Widnall, S. E. 1988. Voices from the pipeline (AAAS presidential lecture). *Science* 241:1740–1745.
309 Williams, S. P., P. S. Gardos, B. Ortiz-Torres, S. Tross, and A. Ehrhardt. 2001. Urban women's negotiation strategies for safer sex with their male partners. *Women and Health* 33(3/4):133–148.
310 Wise, M. 2002. Changing sports, keeping a teammate. *New York Times*, 21 February, section D1, page 5.
311 Yoder, J. 2001. Making leadership work more effectively for women. *Journal of Social Issues* 57(4):815–828.
312 Zuckerman, M. 1974. The sensation-seeking motive. In *Progress in experimental personality research*, ed. B. A. Maher, volume 7. New York: Academic Press.
313 ———. 1978. Sensation-seeking. In *Dimensions of personality*, ed. H. London and J. Exner Jr. New York: Wiley.
314 Zuckerman, M., M. S. Buchsbaum, and D. L. Murphy. 1980. Sensation-seeking and its biological correlates. *Psychological Bulletin* 88(1):187–214.

271 Stermer, D. 2003. Through the ages. *Time*, 20 January, pages 82–83.

272 Stern, M., and K. H. Karraker. 1989. Sex stereotyping of infants: A review of gender labeling studies. *Sex Roles* 20(9/10):501–522.

273 Sternberg, R. J. 1999. The theory of successful intelligence. *Review of General Psychology* 3(4):292–316.

274 Stevens, C. K., A. G. Bavetta, and M. E. Gist. 1993. Gender differences in the acquisition of salary negotiation skills: The role of goals, self-efficacy, and perceived control. *Journal of Applied Psychology* 78(5):723–735.

275 Strickland, B. R., and W. E. Haley. 1980. Sex differences on the Rotter I-E scale. *Journal of Personality and Social Psychology* 39(5):930–939.

276 Stuhlmacher, A. F., and A. E. Walters. 1999. Gender differences in negotiation outcome: A meta-analysis. *Personnel Psychology* 52(3):653–677.

277 Sullivan, A. 2000. The he hormone. *New York Times Magazine*, 2 April, pages 46–74.

278 Svebak, S., and J. H. Kerr. 1989. The role of impulsivity in preference for sports. *Personality and Individual Differences* 10(1):51–58.

◆279 Tannen, D. 1990. *You just don't understand: Women and men in conversation*. New York: William Morrow.

◆280 ———. 1994. *Talking from 9 to 5: Women and men in the workplace: Language, sex, and power*. New York: Avon Books.

281 Taylor, S. 2002. Relationship and negotiation. Schenley High School. Unpublished manuscript.

282 Taylor, S. E., and J. D. Brown. 1988. Illusion and well-being: A social psychological perspective on mental health. *Psychological Bulletin* 103:193–210.

283 ———. 1994. Positive illusions and well-being revisited: Separating fact from fiction. *Psychological Bulletin* 116:21–27.

284 Taylor, S. E., L. Klein, B. Lewis, T. Gruenewald, R. Gurung, and J. Updegraff. 2000. Biobehavioral responses to stress in females: Tend-and-befriend, not fight-or-flight. *Psychological Review* 107(3):411–429.

285 Thompson, L. 1991. Information exchange in negotiation. *Journal of Experimental Social Psychology* 27(2):161–179.

286 ———. 1998. *The mind and heart of the negotiator*. Upper Saddle River, N.J.: Prentice Hall.

287 Tolbert, P. S., T. Simons, A. Andrews, and J. Rhee. 1995. The effects of gender composition in academic departments on faculty turnover. *Industrial and Labor Relations Review* 48:562–579.

288 Tomaskovic-Devey, D. 1995. Sex composition and gendered earnings inequality: A comparison of job and occupational models. In *Gender inequality at work*, ed. J. A. Jacobs, pages 23–56. Thousand Oaks, Calif.: Sage.

289 Tomkiewicz, J., and T. Adeyemi-Bello. 1995. A cross-section analysis of attitudes of Nigerians and Americans toward women as managers. *Journal of Social Behavior and Personality* 10:189–198.

290 Ulin, P. R., M. Cayemittes, and E. Metellus. 1993. *Haitian women's role in sexual decision-making: The gap between AIDS knowledge and behavior change*, February. Available at www.fhi.org.

◆291 Ury, W. 1991. *Getting past no: Negotiating your way from confrontation to cooperation*. New York: Bantam Books.

248 Satel, S. 2001. Feminism is bad for women's health care. *Wall Street Journal*, March 8.

249 Sauser, W., and M. York. 1978. Sex differences in job satisfaction: A reexamination. *Personnel Psychology* 31:537–547.

250 Schein, V. E. 1973. The relationship between sex role stereotypes and requisite management characteristics. *Journal of Applied Psychology* 57:95–100.

251 ———. 1975. Relationships between sex role stereotypes and requisite management characteristics among female managers. *Journal of Applied Psychology* 60:340–344.

252 Schein, V. E., and R. Mueller. 1992. Sex-role stereotyping and requisite management characteristics: A cross-cultural look. *Journal of Organizational Behavior* 13:439–447.

253 Schein, V. E., R. Mueller, T. Lituchy, and J. Liu. 1996. Think manager—think male: A global phenomenon? *Journal of Organizational Behavior* 17:33–41.

254 Schwalbe, M. L., and C. L. Staples. 1991. Gender differences in sources of self-esteem. *Social Psychology Quarterly* 54:158–168.

255 Senge, P. M. 1997. Communities of leaders and learners. *Harvard Business Review*, September/October, pages 9–10.

256 Serbin, L. A., C. Sprafkin, M. Elman, and A. Doyle. 1984. The early development of sex-differentiated patterns of social influences. *Canadian Journal of Social Science* 14:350–363.

257 Shalit, W. 1999. *A return to modesty: Discovering the lost virtue*. New York: Simon and Schuster.

258 Sheldon, A. 1990. Pickle fights: Gendered talk in preschool disputes. In *Gender and conversational interaction*, ed. D. Tannen, pages 83–109. New York: Oxford University Press.

259 Shemo, D. J. 2002. Women who lead colleges see slower growth in ranks. *New York Times*, 9 December, page A19.

260 Slovic, P. 2000. *The perception of risk*. London: Earthscan Publications.

261 Small, D., L. Babcock, and M. Gelfand. 2003. Why don't women ask? Carnegie Mellon University. Unpublished manuscript.

262 Smith, P. B., S. Dugan, and F. Trompenaars. 1997. Locus of control and affectivity by gender and occupational status: A 14-nation study. *Sex Roles* 36:51–57.

263 Solnick, S. J. 2001. Gender differences in the ultimatum game. *Economic Inquiry* 39:189–200.

264 Sommers, C. H. 2000. *The war against boys: How misguided feminism is harming our young men*. New York: Simon and Schuster.

265 Sonnert, G., and G. Holton. 1995. *Who succeeds in science? The gender dimension*. New Brunswick, N.J.: Rutgers University Press.

266 Spencer, S. J., C. M. Steele, and D. Quinn. 1999. Stereotype threat and women's math performance. *Journal of Experimental Social Psychology* 35:4–28.

267 Statham, A. 1987. The gender model revisited: Differences in the management styles of men and women. *Sex Roles* 16(7/8):408–429.

268 Steele, C. M. 1997. A threat in the air: How stereotypes shape intellectual identity and performance. *American Psychologist* 52:613–629.

269 Steele, C. M., and J. Aronson. 1995. Stereotype threat and the intellectual test performance of African Americans. *Journal of Personality and Social Psychology* 69(5):797–811.

270 Stein, J. C., M. D. Newcomb, and P. M. Bentler. 1992. The effect of agency and communality on self-esteem: Gender differences in longitudinal data. *Sex Roles* 26:465–483.

224 Ridgeway, C. L. 1982. Status in groups: The importance of motivation. *American Sociological Review* 47:76–88.
225 ———. 2001. Gender, status, and leadership. *Journal of Social Issues* 57(4):637–655.
226 Ridgeway, C. L., and D. Diekeman. 1989. Dominance and collective hierarchy formation in male and female task groups. *American Sociological Review* 54:79–83.
227 Ridgeway, C. L., D. Diekeman, and C. Johnson. 1995. Legitimacy, compliance, and gender in peer groups. *Social Psychology Quarterly* 58:298–311.
228 Riley, H. C. 2001. "When does gender matter in negotiation? The case of distributive bargaining." Ph.D. diss., Harvard Business School.
229 Riley, H. C., and L. Babcock. 2002. Gender differences in distributive and integrative negotiations. Carnegie Mellon University. Unpublished manuscript.
230 Riley, H. C., L. Babcock, and K. McGinn. 2003. Gender as a situational phenomenon in negotiation. Carnegie Mellon University. Unpublished manuscript.
231 Roberts, T., and S. Nolen-Hoeksema. 1989. Sex differences in reactions to evaluative feedback. *Sex Roles* 21:725–747.
232 ———. 1994. Gender comparisons in responsiveness to others' evaluations in achievement settings. *Psychology of Women Quarterly* 18:221–240.
233 Robinson, J. P. 1988. Who's doing the housework? *American Demographics* 10:24–28.
234 Rosener, J. B. 1990. Ways women lead. *Harvard Business Review*, November/December, pages 119–125.
235 ———. 1995. *America's competitive secret: Women managers*. New York: Oxford University Press.
236 ———. 1998. Remarks at the conference "The corporate state: A women's CEO and senior management summit," 18 September, New York City.
237 Rosenthal, B., and M. Rodrigues. 2000. *Women-owner firms attract investors for business growth*. Washington, D.C.: National Foundation for Women Business Owners.
238 Rosenthal, R., and L. Jacobson. 1968. *Pygmalion in the classroom*. New York: Holt, Rinehart, and Winston.
239 Ross, M., and F. Sicoly. 1979. Egocentric biases in availability and attribution. *Journal of Personality and Social Psychology* 37:322–336.
240 Rotter, J. B. 1966. Generalized expectancies for internal versus external control of reinforcement. *Psychological Monographs* 80(1).
241 Rousseau, D. 2001. The idiosyncratic deal: Flexibility versus fairness? *Organizational Dynamics* 29(4):260–273.
242 Rowland, G. L., R. E. Franken, and K. Harrison. 1986. Sensation-seeking and participating in sporting activities. *Journal of Sport Psychology* 8:212–220.
243 Rubin, J. Z., F. J. Provenzano, and Z. Luria. 1974. The eye of the beholder: Parents' views on sex of newborns. *American Journal of Orthopsychiatry* 44(4):512–519.
244 Rudman, L. A. 1998. Self-promotion as a risk factor for women: The costs and benefits of counterstereotypical impression management. *Journal of Personality and Social Psychology* 74(3):629–646.
245 Rudman, L. A., and P. Glick. 1999. Feminized management and backlash toward agentic women: The hidden costs to women of a kinder, gentler image of middle managers. *Journal of Personality and Social Psychology* 77(5):1004–1010.
246 ———. 2001. Prescriptive gender stereotypes and backlash toward agentic women. *Journal of Social Issues* 57(4):743–762.
247 Rynecki, D. 2002. The Bernstein way. *Fortune*, 10 June, page 86.

203 Miller, L. C., L. L. Cooke, J. Tsang, and F. Morgan. 1992. Should I brag? Nature and impact of positive and boastful disclosures for women and men. *Human Communication Research* 18(3):364–399.
204 Miller, P. M., D. L. Danaher, and D. Forbes. 1986. Sex-related strategies for coping with interpersonal conflict in children aged five and seven. *Developmental Psychology* 22(4):543–548.
205 Mussen, P. H., ed. 1983. *Handbook of child psychology*, 4th edition. New York: Wiley.
206 Naisbitt, J., and P. Aburdene. 1986. *Reinventing the corporation*. New York: Warner Books.
207 Neale, M. A., and M. H. Bazerman. 1991. *Cognition and rationality in negotiation*. New York: Free Press.
208 Neumark, D. M. 1996. Sex discrimination in restaurant hiring: An audit study. *Quarterly Journal of Economics* 11(3):915–941.
209 Norris, J. M., and A. M. Wylie. 1995. Gender stereotyping of the managerial role among students in Canada and the United States. *Group and Organization Management* 20:167–182.
210 Nussbaum, E. 2001. Peers: Great expectations. *New York Times Magazine*, 9 September, pages 118–122.
211 O'Connor, C. 2000. Finishing school. *Business 2.0*, April.
212 O'Sullivan, C. S., and F. T. Durso. 1984. Effects of schema-incongruent information on memory for stereotypical attributes. *Journal of Personality and Social Psychology* 47:55–70.
213 Orenstein, P. 1994. *Schoolgirls: Young women, self-esteem, and the confidence gap*. New York: Doubleday.
214 Parkes, K. R. 1985. Dimensionality of Rotter's Locus of Control Scale: An application of the "Very Simple Structure" techniques. *Personality and Individual Differences* 6:115–119.
215 Pasternak, B., and A. Viscio. 1998. *The centerless corporation: A new model for transforming your organization for growth and prosperity*. New York: Simon and Schuster.
◆216 Pfeffer, J. 1998. *The human equation: Building profits by putting people first*. Boston, Mass.: Harvard Business School Press.
217 Pinkley, R. L., and G. B. Northcraft. 2000. *Get paid what you're worth*. New York: St. Martin's Press.
218 Pollard, T. M., H. Ungpakorn, and K. R. Parkes. 1996. Epinephrine and cortisol responses to work: A test of the models of Frankenhaeuser and Karasek. *Annals of Behavioral Medicine* 18(4):229–237.
219 Porter, L. W., and E. E. Lawler. 1968. *Managerial attitudes and performance*. Homewood, Ill.: Dorsey.
220 Powell, G. N., and D. A. Butterfield. 1989. The "good manager": Did androgyny fare better in the 1980s? *Group and Organization Studies* 14:216–233.
221 Pruitt, D., and J. Rubin. 1986. *Social conflict: Escalation, stalemate, and settlement*. New York: Random House.
222 Purohit, D., and H. Sondak. 2001. Fear and loathing at the car dealership: The perceived fairness of pricing policies. Duke University and University of Utah. Unpublished manuscript.
223 Raiffa, H. 1982. *The art and science of negotiation*. Cambridge, Mass.: Harvard University Press.

183 Maccoby, E. E. 1966. *The development of sex differences*. Stanford, Calif: Stanford University Press.

184 Maccoby, E. E. 1988. Gender as a social category. *Developmental Psychology* 24(6): 755–765.

185 ———. 1990. Gender and relationships: A developmental account. *American Psychologist* 45(4):513–520.

186 Maccoby, E. E., and C. N. Jacklin. 1987. Gender segregation in childhood. In *Advances in childhood development*, ed. E. H. Reese, volume 20, pages 239–287. New York: Academic Press.

187 Major, B., and E. Konar. 1984. An investigation of sex differences in pay expectations and their possible causes. *Academy of Management Journal* 27:777–792.

188 Major, B., D. B. McFarlin, and D. Gagnon. 1984. Overworked and underpaid: On the nature of gender differences in personal entitlement. *Journal of Personality and Social Psychology* 47(6):1399–1412.

189 Malhotra, D. 2002. Let's take this outside: Some striking results of students negotiating in the real world. Paper presentation at the International Association for Conflict Management annual meeting, June.

190 Maltz, D., and R. Borker. 1983. A cultural approach to male-female miscommunication. In *Language and social identity*, ed. J. A. Gumperz, pages 195–216. New York: Cambridge University Press.

191 Markus, H. R., and S. Kitayama. 1991. Culture and the self: Implications for cognition, emotion, and motivation. *Psychological Review* 98:224–253.

192 Martell, R. F., D. M. Lane, and C. Emrich. 1996. Male-female differences: A computer simulation. *American Psychologist* 51:157–158.

193 Martin, B. A. 1989. Gender differences in salary expectations when current salary information is provided. *Psychology of Women Quarterly* 13:87–96.

194 Mazur, A., and A. Booth. 1998. Testosterone and dominance in men. *Behavioral and Brain Sciences* 21:353–397.

195 Mazur A., E. J. Susman, and S. Edelbrock. 1997. Sex differences in testosterone response to a video game context. *Evolution and Human Behavior* 18(5):317–326.

196 McCracken, D. 2000. Winning the talent war for women: Sometimes it takes a revolution. *Harvard Business Review*, November/December, pages 59–167.

197 McCrae, R. R., and P. T. Costa Jr. 1988. Age, personality, and the spontaneous self-concept. *Journal of Gerontology: Social Sciences* 43:S177–S185.

198 McEwen, B. 2000. The neurobiology of stress: From serendipity to clinical relevance. *Brain Research* 886(1–2):172–189.

199 McGuire, W. J., and C. V. McGuire. 1982. Significant others in self-space: Sex differences and developmental trends in the social self. In *Psychological Perspectives on the Self*, ed. J. Suls, volume 1, pages 71–96. Hillsdale, N.J.: Erlbaum.

200 Mehra, A., M. Kilduff, and D. J. Brass. 1998. At the margins: A distinctiveness approach to the social identity and social networks of underrepresented groups. *Academy of Management Journal* 41(4):441–452.

201 Michaud, E. 2001. Your secret weapon against stress. *Prevention*, August, pages 130–137.

202 Miller, J. B. 1986. *Toward a new psychology of women*. Boston: Beacon Press.

162 Kolb, D. M., and G. G. Coolidge. 1991. Her place at the table: A consideration of gender issues in negotiation. In *Negotiation theory and practice*, ed. J. W. Breslin and J. Z. Rubin, pages 261–277. Cambridge, Mass.: Program on Negotiation and Harvard Law School.

163 Kolb, D. M., and L. L. Putnam. 1997. Through the looking glass: Negotiation theory refracted through the lens of gender. In *Workplace dispute resolution: Directions for the 21st century*, ed. S. Gleason. East Lansing: Michigan State University Press.

164 Kolb, D. M., and J. Williams. 2000. *The shadow negotiation: How women can master the hidden agendas that determine bargaining success*. New York: Simon and Schuster.

165 Kraft, L. W., and C. W. Vraa. 1975. Sex composition of groups and pattern of self-disclosure by high school females. *Psychological Reports* 37:733–734.

166 Kray, L., L. Thompson, and A. Galinsky. 2001. Battle of the sexes: Stereotype confirmation and reactance in negotiations. *Journal of Personality and Social Psychology* 80(6):942–958.

167 Kubik, M. 2000. Women rarely quoted as business experts. *Business Journal Online*, mid-February.

168 Kuhn, E. D. 1992. Playing down authority while getting things done: Women professors get help from the institution. In *Locating power: Proceedings of the second Berkeley women and language conference*, ed. K. Hall, M. Bucholtz, and B. Moonwomon, volume 2, pages 318–325. Berkeley: Berkeley women and language group, University of California, Berkeley.

169 Kunhikrishnan, K., and K. Manikandan. 1995. Sex difference in Locus of Control: An analysis based on Calicut L.O.C. Scale. *Psychological Studies* 37:121–125.

170 Lashinsky, A. 2002. Now for the hard part. *Fortune*, 18 November, pages 95–106.

171 Lax, D., and J. Sebenius. 1986. *The manager as negotiator*. New York: Free Press.

172 Lemonick, M. D. 2003. The power of mood. *Time*, 20 January, page 65.

173 Lenney, E. 1977. Women's self-confidence in achievement settings. *Psychological Bulletin* 84:1–13.

174 Lennon, M. C., and S. Rosenfield. 1994. Relative fairness and the division of housework: The importance of options. *American Journal of Sociology* 100:506–531.

175 Lerner, J., R. Gonzalez, D. Small, and B. Fischhoff. 2003. Effects of fear and anger on perceived risks of terrorism: A national field experiment. *Psychological Science* 14:144–150.

176 Lever, J. 1976. Sex differences in the games children play. *Social Problems* 23:478–487.

177 Lewicki, R., D. Saunders, and J. Minton. 1997. *Essentials of negotiation*. Boston, Mass.: Irwin / McGraw-Hill.

178 Liben, L. S., and M. L. Signorella, eds. 1987. *Children's gender schemata*. San Francisco: Jossey-Bass.

179 Llewellyn-Williams, M. 2002. *The C200 Business Leadership Index 2002: Annual report on women's clout in business*. San Francisco: BrandMechanics.

180 Locke, E. A. 1976. The nature and causes of job satisfaction. In *The handbook of industrial and organizational psychology*, ed. M. D. Dunnette, pages 1297–1349. Chicago: Rand McNally.

181 Locke, E. A., and G. Latham. 1990. *A theory of goal setting and task performance*. Englewood Cliffs, N.J.: Prentice-Hall.

182 Lytton, H., and D. M. Romney. 1991. Parents' differential socialization of boys and girls: A meta-analysis. *Psychological Bulletin* 109(2):267–296.

143 Inzlicht, M., and T. Ben-Zeev. 2000. A threatening intellectual environment: Why females are susceptible to experiencing problem-solving deficits in the presence of males. *Psychological Science* 11(5):365–371.

144 Jackson, L. A., P. D. Gardner, and L. A. Sullivan. 1992. Explaining gender differences in self-pay expectations: Social comparison standards and perceptions of fair pay. *Journal of Applied Psychology* 77(5):651–663.

145 Janoff-Bulman, R., and M. B. Wade. 1996. The dilemma of self-advocacy for women: Another case of blaming the victim? *Journal of Social and Clinical Psychology* 15(2):143–152.

146 Jelalian, E., A. Spirito, D. Raile, L. Vinnick, C. Rohrbeck, and M. Aarrigan. 1997. Risk-taking, reported injury, and perception of future injury among adolescents. *Journal of Pediatric Psychology* 22:513–531.

147 Jones, E. E., and T. S. Pittman. 1982. Toward a general theory of strategic self-presentation. In *Psychological perspectives on the self*, ed. J. Suls, volume 1, pages 231–262. Hillsdale, N.J.: Erlbaum.

148 Josephs, R. A., H. R. Markus, and R. W. Tafarodi. 1992. Gender and self-esteem. *Journal of Personality and Social Psychology* 63:391–402.

149 Jost, J. 1997. An experimental replication of the depressed-entitlement effect among women. *Psychology of Women Quarterly* 21:387–393.

150 Judd, R. 2001. Golden dreams shattered as bobsled duo hits the brakes. *Seattle Times*, 16 December, page C2.

151 Kahn, A., V. E. O'Leary, J. E. Krulewitz, and H. Lamm. 1980. Equity and equality: Male and female means to a just end. *Basic and Applied Social Psychology* 1(2):173–197.

152 Kaman, V. S., and C. E. Hartel. 1994. Gender differences in anticipated pay negotiation strategies and outcomes. *Journal of Business and Psychology* 9(2):183–197.

◆153 Kanter, R. M. 1977. *Men and women of the corporation*. New York: Basic Books.

154 ———. 1990. Foreword: Special issue on women and economic empowerment. *New England Journal of Public Policy* 6 (spring/summer):11–14.

155 Kemper, T. D. 1990. *Social structure and testosterone*. New Brunswick, N.J.: Rutgers University Press.

156 Khurana, R. 2002. *Searching for a corporate savior: The irrational quest for charismatic CEOs*. Princeton, N.J.: Princeton University Press.

157 Kimmel, M., D. G. Pruitt, J. M. Magenau, E. Konar-Goldband, and P. Carnevale. 1980. Effects of trust, aspiration, and gender on negotiation tactics. *Journal of Personality and Social Psychology* 38(1):9–22.

158 King, W. C., and T. D. Hinson. 1994. The influence of sex and equity sensitivity on relationship preferences, assessment of opponent, and outcomes in a negotiation experiment. *Journal of Management* 20(3):605–624.

159 Klaiber, L., D. Broverman, W. Vogel, G. Abraham, and F. Cone. 1971. Effects of infused testosterone on mental performances and serum LH. *Journal of Clinical Endocrinology* 32:341–349.

160 Kling, K. C., J. Shelby-Hyde, C. J. Showers, and B. N. Buswell. 1999. Gender differences in self-esteem: A meta-analysis. *Psychological Bulletin* 125(4):470–500.

161 Kolb, D. M. 2000. Renewing our interest in gender negotiations: What's new or what would really be new? Paper presented at the Academy of Management meeting, August.

124 Harris, M. J., and R. Rosenthal. 1985. Mediation of interpersonal expectancy effects: 31 meta-analyses. *Psychological Bulletin* 97:363–386.

125 Harris, T. G. 1993. The post-capitalist executive: An interview with Peter F. Drucker. *Harvard Business Review*, May/June, pages 115–122.

126 Hatfield, E., J. T. Caccioppo, and R. L. Rapson. 1992. Primitive emotional contagion. In *Review of personality and social psychology*, ed. M. S. Clark, volume 14, pages 151–177. Newbury Park, Calif.: Sage.

127 Heatherington, L., J. Crown, H. Wagner, and S. Rigby. 1992. Toward an understanding of social consequences of "feminine immodesty" about personal achievements. *Sex Roles* 20(7/8):371–380.

128 Heffernan, M. 2002. The female CEO: ca. 2002. *Fast Company*, August, pages 58–66.

129 Heilman, M. E. 1980. The impact of situational factors on personnel decisions concerning women: Varying the sex composition of the applicant pool. *Organizational Behavior and Human Performance* 26:286–295.

130 ———. 1995. Sex stereotypes and their effects in the workplace: What we know and what we don't know. *Journal of Social Behavior and Personality* 10(6):3–26.

131 ———. 2001. Description and prescription: How gender stereotypes prevent women's ascent up the organizational ladder. *Journal of Social Issues* 57(4):657–674.

132 Heilman, M. E., M. Haynes, and A. D. Goodman. 2001. Denying women credit for their successes: Gender stereotyping as a function of group vs. individual level performance information. New York University. Unpublished manuscript.

133 Helgesen, S. 1990. *The female advantage: Women's ways of leadership*. New York: Doubleday/Currency.

134 Hewlett, S. A. 2002. *Creating a life: Professional women and the quest for children*. New York: Talk Miramax Books.

135 Hodgins, H. S., E. Liebeskind, and W. Schwartz. 1996. Getting out of hot water: Facework in social predicaments. *Journal of Personality and Social Psychology* 71:300–314.

136 Hornig, L. S. 1987. Women graduate students. In *Women: Their underrepresentation and career differentials in science and engineering*, ed. L. S. Dix, pages 103–122. Washington, D.C.: National Academy Press.

137 Humphreys, A. P., and P. K. Smith. 1987. Rough and tumble, friendships, and dominance in schoolchildren: Evidence for continuity and change with age. *Child Development* 58:201–212.

138 Huston, A. C., and C. J. Carpenter. 1985. Gender differences in preschool classrooms: The effects of sex-types activity choices. In *Gender-related differences in the classroom*, ed. L. C. Wilkinson and C. B. Marett. New York: Academic Press.

139 Ibarra, H. 1992. Homophily and differential returns: Sex differences in network structure and access in an advertising firm. *Administrative Science Quarterly* 37:422–447.

140 ———. 1997. Paving an alternative route: Gender differences in managerial networks. *Social Psychology Quarterly* 60(1):91–102.

141 Instone, D., B. Major, and B. B. Bunker. 1983. Gender, self-confidence, and social influence strategies: An organizational simulation. *Journal of Personality and Social Psychology* 44(2):322–333.

142 Inter-parliamentary Union. 2000. *Women in politics, 1945–2000*. Report #37. Geneva: United Nations.

102 Gerhart, B. 1990. Gender differences in current and starting salaries: The role of performance, college major, and job title. *Industrial and Labor Relations Review* 43(4):418–433.

103 Gerhart, B., and S. Rynes. 1991. Determinants and consequences of salary negotiations by male and female MBA graduates. *Journal of Applied Psychology* 76:256–262.

104 *Getting the message*. 1997. Publication of the nonprofit organization Children Now (available at www.childrennow.org).

105 Gilbert, D., 1995. Attribution and interpersonal perception. In *Advanced social psychology*, ed. A. Tesser, pages 99–148. New York: McGraw-Hill.

106 Gist, M., C. K. Stevens, and A. Bavetta. 1991. Effects of self-efficacy and post-training intervention on the acquisition and maintenance of complex interpersonal skills. *Personnel Psychology* 44:837–861.

107 Gladwell, M. 2000. *The tipping point: How little things can make a big difference*. New York: Little, Brown.

108 ———. 2002. The talent myth. *New Yorker*, 22 July.

109 Glass, J., and T. Fujimoto. 1994. Housework, paid work, and depression among husbands and wives. *Journal of Health and Social Behavior* 35(2):179–191.

110 Glick, P., C. Zion, and C. Nelson. 1988. What mediates sex discrimination in hiring decisions? *Journal of Personality and Social Psychology* 55:178–186.

111 Gneezy, U., M. Niederle, and A. Rustichini. 2001. Performance in competitive environments. Harvard University. Unpublished manuscript.

112 Goldin, C., and C. Rouse. 2000. Orchestrating impartiality: The impact of "blind" auditions on female musicians. *American Economic Review* 90(4):715–742.

113 Gomez, C., and B. V. Marin. 1996. Gender, culture, and power: Barriers to HIV-prevention strategies for women. *Journal of Sex Research* 33(4):355–362.

114 Goode, E. 2001. The heavy cost of chronic stress: Some can be benign, but too much is lethal. *New York Times*, 17 December, page D1.

115 Goodman, P. 1974. An examination of references used in the evaluation of pay. *Organizational Behavior and Human Performance* 12:170–195.

116 Goodnow, J. J. 1988. Children's household work: Its nature and functions. *Psychological Bulletin* 103(1):5–26.

117 Graglia, C. F. 1998. *Domestic tranquility: A brief against feminism*. Dallas: Spence Publishing Company.

118 Graham, M. E., and T. M. Welbourne. 1999. Gainsharing and women's and men's relative pay satisfaction. *Journal of Organizational Behavior* 20:1027–1042.

119 Granovetter, M. 1982. The strength of weak ties. *American Journal of Sociology* 6: 1360–1380.

120 Gray, B. 1994. The gender-based foundations of negotiation theory. *Research on Negotiations in Organizations* 4:3–36.

121 Greenhalgh, L., and R. W. Gilkey. 1993. The effect of relationship orientation on negotiators' cognitions and tactics. *Group Decision and Negotiation* 2:167–186.

122 Gregorian, V. 2002. Bobsledder shows no remorse dropping partner; Jean Racine says winning the gold is all that matters. *St. Louis Post-Dispatch*, 17 February, page D18.

123 Halpern, J. J., and J. M. Parks. 1996. Vive la difference: Differences between males and females in process and outcomes in a low-conflict negotiation. *International Journal of Conflict Management* 7(1):45–70.

82 ———. 1995. The science and politics of comparing women and men. *American Psychologist* 50(3):145–158.

83 ———. 1997. Sex differences in social behavior: Comparing social role theory and evolutionary psychology. *American Psychologist* 52(12):1380–1383.

84 Eagly, A. H., and M. C. Johannesen-Schmidt. 2001. The leadership styles of women and men. *Journal of Social Issues* 57(4):781–797.

85 Eagly, A. H., M. G. Makhijani, and B. G. Klonsky. 1992. Gender and the evaluation leaders: A meta-analysis. *Psychological Bulletin* 111(1):3–22.

86 Eckert, P. 1993. Cooperative competition in adolescent "girl talk." In *Gender and conversational interaction*, ed. D. Tannen, pages 32–61. New York: Oxford University Press.

87 Ellis, L. 1986. Evidence of neuroandrogenic etiology of sex roles from a combined analysis of human, nonhuman primates, and nonprimate mammalian studies. *Personality and Individual Differences* 7:519–552.

88 Epel, E., B. McEwen, T. Seeman, K. Matthews, G. Castellazzo, K. Grownell, J. Bejj, and J. Ickovia. 2000. Stress and body shape: Stress-induced cortisol secretion is consistently greater among women with central fat. *Psychosom Med* 62(5):623–632.

89 Epstein, C. F. 1991. Constraints on excellence: Structural and cultural barriers to the recognition and demonstration of achievement. In *The outer circle: Women in the scientific community*, ed. H. Zuckerman, J. R. Cole, and J. T. Bruer, pages 239–258. New York: W. W. Norton.

90 Fagot, B. I. 1978. The influence of sex of child on parental reactions to toddler children. *Child Development* 49:30–36.

◆91 Faludi, S. 1991. *Backlash: The undeclared war against American women*. New York: Doubleday.

92 Feingold, A. 1994. Gender differences in personality: A meta-analysis. *Psychological Bulletin* 116(3):429–456.

93 Fisher, H. 1999. *The first sex: The natural talents of women and how they are changing the world*. New York: Random House.

◆94 Fisher, R., and W. Ury. 1981. *Getting to yes: Negotiating agreement without giving in*. New York: Houghton Mifflin.

95 Fiske, S., and S. E. Taylor. 1984. *Social cognition*. New York: Random House.

96 Fitt, L. W., and D. A. Newton. 1981. When the mentor is a man and the protégée is a woman. *Harvard Business Review* March–April:56–60.

97 Fivush, R. 1992. Gender differences in parent-child conversations about past emotions. *Sex Roles* 27:683–698.

98 Fullerton, H., and M. Toossi. 2001. Labor force projections to 2010: Steady growth and changing composition. *Monthly Labor Review* November:21–38.

99 Gabriel, S., and W. L. Gardner. 1999. Are there "his" and "hers" types of interdependence? The implications of gender differences in collective versus relational interdependence for affect, behavior, and cognition. *Journal of Personality and Social Psychology* 77(3):642–655.

100 Galinsky, A., T. Mussweiler, and V. H. Medvec. 2002. Disconnecting outcomes and evaluations: The role of negotiator reference points. *Journal of Personality and Social Psychology* 83(5):1131–1140.

101 Gelfand, M. J., V. Smith-Major, J. Raver, and L. Nishii. 2000. Gender, self, and negotiation: Implications of relational self-construals for negotiations. University of Maryland. Unpublished manuscript.

62 Copeland, C. L., J. E. Driskell, and E. Salas. 1995. Gender and reactions to dominance. *Journal of Social Behavior and Personality* 10:53–68.

63 Costrich, N., J. Feinstein, L. Kidder, J. Marecek, and L. Pascale. 1975. When stereotypes hurt: Three studies of penalties for sex-role reversals. *Journal of Experimental Social Psychology* 11:520–530.

64 Crandall, V. C., and B. W. Crandall. 1983. Maternal and childhood behaviors as antecedents of internal-external control perceptions in young adulthood. In *Research with the locus of control construct*, ed. H. LeCourt, volume 2, pages 53–103. New York: Academic Press.

65 Crittenden, A. 2001. *The price of motherhood: Why the most important job in the world is still the least valued*. New York: Metropolitan Books.

66 Crosby, F. 1982. *Relative deprivation and working women*. New York: Oxford University Press.

67 ———. 1984. The denial of personal discrimination. *American Behavioral Scientist* 27:371–386.

68 Crosby, F., A. Pufall, R. C. Snyder, M. O'Connell, and P. Whalen. 1989. The denial of personal disadvantage among you, me, and all the other ostriches. In *Gender and thought: Psychological perspectives*, ed. M. Crawford and M. Gentry. New York: Springer-Verlag.

69 Crosby, F., and S. A. Ropp. 2002. Awakening to discrimination. In *The justice motive in everyday life*, ed. M. Ross and D. T. Miller, pages 382–396. Cambridge, Eng.: Cambridge University Press.

70 Cross, S. E., and L. Madson. 1997. Models of the self: Self-construals and gender. *Psychological Bulletin* 122(1):5–37.

71 Dabbs, J. M., D. de la Rue, and P. M. Williams. 1990. Salivary testosterone and occupational choice: Actors, ministers, and other men. *Journal of Personality and Social Psychology* 59(6):1261–1265.

72 Daltzman, R., and M. Zuckerman. 1980. Disinhibitory sensation seeking, personality, and gonadal hormones. *Personality and Individual Differences* 1:103–110.

73 Daubman, K. A., L. Heatherington, and A. Ahn. 1992. Gender and the self-presentation of academic achievement. *Sex Roles* 27:187–204.

74 Dawson, R. 2000. *Secrets of power negotiating*, 2d edition. Franklin Lakes, N.J.: Career Press.

75 Deal, J. J., and M. A. Stevenson. 1998. Perceptions of female and male managers in the 1990s: Plus ça change . . . *Sex Roles* 38:287–300.

76 Deaux, K., and B. Major. 1987. Putting gender into context: An interactive model of gender-related behavior. *Psychological Review* 94(3):369–389.

77 Desmarais, S., and J. Curtis. 1997. Gender and perceived pay entitlement: Testing for effects of experience with income. *Journal of Personality and Social Psychology* 72(1):141–150.

78 Dowd, M. 2002. The baby bust. *New York Times*, 10 April.

79 Dranginis, A. M. 2002. Why the hormone study finally happened. *New York Times*, 15 July.

80 Dunn, J., I. Bretherton, and P. Munn. 1987. Conversations about feeling states between mothers and their young children. *Developmental Psychology* 23:132–139.

81 Eagly, A. H. 1987. *Sex differences in social behavior: A social role interpretation*. Hillsdale, N.J.: Erlbaum.

41 Bybee, J., M. Glick, and E. Zigler. 1990. Differences across gender, grade level, and academic track in the content of the ideal self-image. *Sex Roles* 22:349–358.

42 Bylsma, W. H., and B. Major. 1992. Two routes to eliminating gender differences in personal entitlement. *Psychology of Women Quarterly* 16:193–200.

43 ———. 1994. Social comparisons and contentment. *Psychology of Women Quarterly* 18:241–249.

44 Callahan-Levy, C. M., and L. A. Messe. 1979. Sex differences in the allocation of pay. *Journal of Personality and Social Psychology* 37(3):433–446.

45 Cantor, N., and W. Mischel. 1979. Prototypes in person perception. In *Advances in experimental social psychology*, ed. L. Berkowitz, volume 12, pages 3–52. New York: Academic Press.

46 Carli, L. L. 1990. Gender, language, and influence. *Journal of Personality and Social Psychology* 59:941–951.

47 ———. 1998. Gender effects in social influence. Wellesley College. Unpublished manuscript.

48 ———. 2001. Gender and social influence. *Journal of Social Issues* 57:725–741.

49 Carli, L. L., S. J. LaFleur, and C. C. Lober. 1995. Nonverbal behavior, gender, and influence. *Journal of Personality and Social Psychology* 68:1030–1041.

50 Carnevale, P., and A. Isen. 1986. The influence of positive affect and visual access on the discovery of integrative solutions in bilateral negotiations. *Organizational Behavior and Human Decision Processes* 37:1–13.

51 Carpenter, C. J., and A. C. Huston. 1980. Activity structure and sex-typed behavior in preschool children. *Child Development* 51:862–872.

52 Carpenter, E. J., A. C. Huston, and W. Holt. 1986. Modification of pre-school sex-typed behavior by participation in adult-structured activities. *Sex Roles* 14 (11/12):603–615.

53 Case, S. S. 1990. Communication styles in higher education: Differences between academic men and women. In *Women in higher education: Changes and challenges*, ed. L. B. Welch, pages 94–118. New York: Praeger.

54 Cassell, J., and H. Jenkins. 1998. *From Barbie to Mortal Kombat: Gender and computer games*. Cambridge, Mass.: MIT Press.

55 Cejka, M. A., and A. H. Eagly. 1999. Gender-stereotypic images of the occupations correspond to the segregation of employment. *Personality and Social Psychology Bulletin* 25(4):413–423.

56 Centers for Disease Control and Prevention. Divisions of HIV/AIDS Prevention. 2002. *HIV/AIDS surveillance in women: L264 slides series*, 1 March. Available at www.cdc.gov/hiv/graphics/women.htm.

57 Chodorow, N. 1978. *The reproduction of mothering: Psychoanalysis and the sociology of gender*. Berkeley: University of California Press.

58 Chupack, C. 2000–2001. *Sex and the City*, season 3, episode 42. Broadcast on Home Box Office (HBO).

59 Clancy, S. M., and S. J. Dollinger. 1993. Photographic depictions of the self: Gender and age differences in social connectedness. *Sex Roles* 29(7/8):477–495.

60 Cohoon, J. M. 2001. Toward improving female retention in the computer science major. *Communications of the ACM* 44(5):108–114.

61 Committee on the Status of Women in the Economics Profession. 2002. Annual report. *Newsletter*, winter, pages 3–4.

20 *BBC News Online: Business*. 2001. Bitchy bosses go to boot camp, 8 August.

21 Beal, C. R. 1994. *Boys and girls: The development of gender roles*. New York: McGraw-Hill.

22 Bergmann, B. 1986. *The economic emergence of women*. New York: Basic Books.

23 Bertrand, M., and K. F. Hallock. 2000. The gender gap in top corporate jobs. National Bureau of Economic Research Working Paper #7931.

24 Beyer, S., and E. M. Bowden. 1997. Gender differences in self-perceptions: Convergent evidence from three measures of accuracy and bias. *Personality and Social Psychology Bulletin* 23(2):157–172.

25 Biernat, M., and C. B. Wortman. 1991. Sharing of home responsibilities between professionally employed women and their husbands. *Journal of Personality and Social Psychology* 60:844–860.

26 Bigg, D. 1991. In the Supreme Court of the United States Price Waterhouse v. Ann B. Hopkins amicus curiae brief for the American Psychological Association. *American Psychologist* 46(10):1061–1070.

27 Blank, R. M. 1994. Report of the Committee on the Status of Women in the Economics Profession. *American Economic Review* 84:491–495.

28 Blau, F. D., and L. Kahn. 2000. Gender differences in pay. National Bureau of Economic Research Working Paper #7732.

29 Booth, A., G. Shelley, A. Mazur, G. Tharp, and R. Kittok. 1989. Testosterone, and winning and losing in human competition. *Hormones and Behavior* 23:556–571.

30 Boyle, M. 2002. Just right. Goldilocks had it easy: Choosing a bowl of porridge is a lot easier than deciding between jobs. *Fortune*, 10 June, pages 207–208.

31 Braathen, E. T., and S. Svebak. 1992. Motivational differences among talented teenage athletes: The significance of gender, type of sport, and level of excellence. *Scandinavian Journal of Medicine and Science in Sports* 2:153–159.

32 Brass, D. J. 1985. Men's and women's networks: A study of interaction patterns and influence in an organization. *Academy of Management Journal* 28(2):327–343.

33 Brazleton, T. B., and J. D. Sparrow. 2001. *Touchpoints three to six: Your child's emotional and behavioral development*. Cambridge, Mass.: Perseus.

34 Briggs, C. 2000. *Women with HIV: A global fact sheet*. National Pediatric and Family HIV Resource Center, March. Available at www.pedhivaids.org/fact/women_fact_g.html.

35 Brown, G. W., B. Andrews, A. Bifulco, and H. Veiel. 1990. Self-esteem and depressions: I. Measurement issues and prediction of onset. *Social Psychiatry and Psychiatric Epidemiology* 25:200–209.

36 Burgoon, M., T. S. Birk, and J. R. Hall. 1991. Compliance and satisfaction with physician-patient communication: An expectancy theory interpretation of gender differences. *Human Communication Research* 18:177–208.

37 Burgoon, M., J. P. Dillard, and N. E. Doran. 1983. Friendly or unfriendly persuasion: The effects of violations of expectations by males and females. *Human Communication Research*, 10(2):283–294.

38 Burns, J. M. 1978. *Leadership*. New York: Harper Torchbooks.

39 Burt, R. 1992. *Structural holes: The social structure of competition*. Cambridge, Mass.: Harvard University Press.

40 Butler, D., and F. L. Geis. 1990. Nonverbal affect responses to male and female leaders: Implications for leadership evaluation. *Journal of Personality and Social Psychology* 58:48–59.

文献

◆は邦訳が出版されている文献を参照

1 Allred, K. 1999. Anger and retaliation: Toward an understanding of impassioned conflict in organizations. *Research on Negotiation in Organizations* 7:27–58.

2 Allred, K. G., J. S Mallozzi, F. Matsui, and C. P. Raia. 1997. The influence of anger and compassion on negotiation performance. *Organizational Behavior and Human Decision Processes* 70(3):175–187.

3 Almer, E. 2000. Management: What women need to know about starting up. *New York Times*, 4 October, page C9.

4 Arch, E. C. 1993. Risk-taking: A motivational basis for sex differences. *Psychological Reports* 73:3–11.

5 Archer, J. 1996. Sex differences in social behavior: Are the social role and evolutionary explanations compatible? *American Psychologist* 51:909–917.

6 Aronson, J., C. Good, and J. A. Harder. 1998. Stereotype threat and women's calculus performance. University of Texas, Austin. Unpublished manuscript.

7 Aronson, J., M. J. Lustina, C. Good, K. Keough, C. M. Steele, and J. Brown. 1999. When white men can't do math: Necessary and sufficient factors in stereotype threat. *Journal of Experimental Social Psychology* 35:29–46.

8 Austin, L. 2000. *What's holding you back? 8 critical choices for women's success*. New York: Basic Books.

9 Ayres, I., and P. Siegelman. 1995. Race and gender discrimination in bargaining for a new car. *American Economic Review* 85(3):304–321.

10 Babcock, L. 2002. Do graduate students negotiate their job offers? Carnegie Mellon University. Unpublished report.

11 Babcock, L., M. Gelfand, D. Small, and H. Stayn. 2002. Propensity to initiate negotiations: A new look at gender variation in negotiation behavior. Carnegie Mellon University. Unpublished manuscript.

12 Bakan, D. 1966. *The duality of human existence: An essay on psychology and religion*. Chicago: Rand McNally.

13 Bandura, A. 1977. Self-efficacy: Toward a unifying theory of behavioral change. *Psychological Review* 84:191–215.

14 Bandura, A., and R. Wood. 1989. Effect of perceived controllability and performance standards on self-regulation of complex decision-making. *Journal of Personality and Social Psychology* 56(5):805–814.

15 Banerjee, N. 2001. Some "bullies" seek ways to soften up: Toughness has risks for women executives. *New York Times*, 10 August, pages C1–C2.

16 Barron, L. A. 2003. Ask and you shall receive: Gender differences in negotiators' beliefs about requests for a higher salary. *Human Relations*, forthcoming.

17 Barry, B., and R. L. Oliver. 1996. Affect in dyadic negotiation: A model and propositions. *Organizational Behavior and Human Decision Processes* 67(2):127–144.

18 Baumeister, R. F., and K. L. Sommer. 1997. What do men want? Gender differences and two spheres of belongingness: Comment on Cross and Madison (1997). *Psychological Bulletin* 122(1):38–44.

19 Bazerman, M., and M. Neale. 1992. *Negotiating rationally*. New York: Free Press.

【原著者】
リンダ・バブコック
カーネギーメロン大学公共政策経営学部経済学教授
ウィスコンシン大学で経済学博士号を取得　専門は交渉と紛争解決
サラ・ラシェーヴァー
ボストン大学でクリエイティブ・ライティングの修士号を取得
ライターや編集者として25年の経験をもつ
【訳　者】
森 永 康 子（もりなが・やすこ）
広島県に生まれる
1987年　広島大学大学院教育学研究科博士課程単位取得退学
現　在　神戸女学院大学人間科学部心理・行動科学科教授　博士（教育心理学）
主　書　女性の就労行動と仕事に関する価値観　風間書房　2000
女らしさ・男らしさ　ジェンダーを考える　北大路書房　2002
はじめてのジェンダー・スタディーズ（共編著）　北大路書房　2003
女性とジェンダーの心理学ハンドブック（共監訳）　北大路書房　2004
ジェンダーの心理学　改訂版（共著）　ミネルヴァ書房　2004

そのひとことが言えたら…

2005年7月20日　初版第1刷印刷
2005年8月10日　初版第1刷発行

定価はカバーに表示してあります

著　者　L. バブコック
S. ラシェーヴァー
訳　者　森 永 康 子
発行者　小 森 公 明
発行所　㈱北大路書房
〒603-8303　京都市北区紫野十二坊町12-8
電　話　(075) 431-0361㈹
FAX　(075) 431-9393
振　替　01050-4-2083

制作／T. M. H.
イラスト・カバーデザイン／福嶋愛美子
印刷・製本／亜細亜印刷㈱

ISBN4-7628-2452-6　Printed in Japan